« AU REVOIR! »

PAGES A LA MÉMOIRE

D'UN ÉLÈVE REGRETTÉ

AU REVOIR

PAGES A LA MÉMOIRE

D'UN ÉLÈVE REGRETTÉ

PAR

M. G.-M. MAUREL

PROFESSEUR AU PETIT SÉMINAIRE D'AGEN

> Il tomba malade et il connut qu'il devait bientôt mourir.
>
> (I. MACC. I. 6.)

> Il était déjà mûr pour le Ciel..... sa vie trop courte était pleine cependant. Il semble que les anges nous enviaient une âme si belle et si digne de leurs chœurs célestes.
>
> Ste CATH. DE SIENNE.

AGEN
IMPRIMERIE & LITHOGRAPHIE Ve LAMY
1890

A MONSIEUR L'ABBÉ JACOMY

CURÉ DE GONTAUD, CHANOINE HONORAIRE

C'est bien à vous, Monsieur le Curé, que je dois offrir ce petit volume.

Vous vous étiez constitué le second père d'un jeune orphelin, il vous servait à l'autel; vous orniez son âme de saintes vertus, et vous mettiez dans son cœur les principes de la foi chrétienne; un jour même il reçut de vos mains la nourriture eucharistique. Et après lui avoir donné votre Dieu, vous vous donnâtes vous même à lui, dans ce qu'un homme a de plus personnel et de plus précieux, son temps, sa peine et son intelligence. On vous vit, ministre pieux et zélé du Christ Sauveur, travailler à faire un prêtre.

Une semblable tâche est toujours pénible

et longue, et il vous plut d'accepter des coopérateurs

Et tandis que l'œuvre se continuait, Dieu satisfait de nos efforts, envoya la mort abréger les jours de cet enfant, objet de nos plus légitimes espérances.

L'étonnement ne le céda point en nos cœurs au sentiment de la douleur. Les yeux sur l'avenir, nous n'avions pas su nous apercevoir que dans cette jeune existence s'amassaient rapidement les vertus et les mérites qui mûrissent les âmes pour le ciel.

Le temps a passé depuis sur ce douloureux évènement. La voix de la religion a parlé haut dans nos âmes : nous confessons que pour le juste la mort est un repos et une récompense.

Cependant de torturantes tristesses nous envahissent encore, en rappelant ce que nous avons perdu. En vérité la blessure reste ouverte : le coup a été si rude !

Et voici que la violence même de nos regrets m'a poussé à disputer au passé et à la mort, ces deux destructeurs de l'homme, quelque chose de l'enfant disparu. Ce que j'ai sauvé de votre Alfred, Monsieur le Curé, je l'ai mis dans cet ouvrage. Vous y retrouverez votre pieux enfant de chœur, votre fervent premier communiant, votre disciple intelligent et studieux. Vous l'y connaîtrez de plus séminariste édifiant, bon condisciple et respectueux élève.

Cet essai de résurrection vous apportera-t-il moins de pénibles que de suaves émotions ? Je ne sais. Mais je ne puis ignorer que le cœur se complaît même aux souvenirs douloureux, si ces souvenirs rappelés sont ceux d'un absent que nous avons aimé. Pourrais-je d'ailleurs oublier que vous avez bien voulu m'adresser vous même, de pressants encouragements ?

Et maintenant voici l'œuvre : Réservez-lui, Monsieur le Curé, un peu de cette affectueuse bienveillance que vous accordez à l'auteur.

Je n'aurai pas regret de mon entreprise, si elle tourne à la plus grande gloire de Dieu, et si elle vous attire de plus en plus,

Monsieur le Curé, la vénération et l'estime pour votre dévouement (1) au Christ et à son Eglise.

M.-G. MAUREL.

(1) M. l'abbé Jacomy vient de créer à Gontaud un très beau pensionnat et une école libre de jeunes filles, en même temps qu'une maison vaste, commode, agréable pour les vieux prêtres retraités. Les frais d'achat, d'aménagement, d'installation ont été énormes; mais jusqu'ici la charité de M. l'abbe Jacomy a suffi aux dépenses.

LETTRE DE L'AUTEUR

AUX ÉLÈVES DU PETIT-SÉMINAIRE D'AGEN

Vous étiez tous dans vos familles, mes chers amis, et vous demandiez à vos salubres campagnes un refuge, une préservation contre cette bizarre et incommode épidémie, dite influenza, qui vous avait assaillis dans les murs de votre séminaire, lorsque j'ai écrit ce petit volume.

Déjà, depuis quelques mois, j'en avais recueilli les premiers éléments. et j'attendais, pour les mettre en ordre, la fin des travaux, des occupations abondantes de l'année scolaire. Votre départ pour des vacances forcées, aux premiers jours de janvier 1890, est venu m'apporter des loisirs inespérés.

Voilà comment je puis vous livrer, mes chers amis, avec une importante avance de temps, ces pages écrites à la mémoire d'un enfant qui fut l'un d'entre vous, qui vécut de votre vie d'étude et de piété, que vous avez beaucoup aimé, et estimé plus encore, que vous avez pleuré, quand Dieu l'a ravi à la terre pour le mettre en son paradis.

Vous vous étiez montrés si avides de mieux connaître cette rapide existence de quatorze ans ; les quelques récits qu'on vous faisait des moindres actions de votre camarade regretté avaient pour vous un si véritable intérêt, qu'assurément c'est vous être très agréable que de vous présenter, distribués dans la relation de considérations et de souvenirs tout à fait personnels, les détails de l'enfance, de la vie de séminariste, de la maladie et de la mort de votre cher Alfred Ladonne.

J'aurais même pu dégager complètement la biographie d'Alfred de tout ce qui est réflexions, pensées, sentiments, impressions et souvenirs du narrateur. Mais je n'ai pas voulu vous faire une simple biographie.

Dans un ouvrage qui vous est destiné, tandis que je retrace la vie d'un enfant qui fut séminariste aux lieux où vous l'êtes, comprendriez-vous que je ne traçasse pas le tableau de votre existence quotidienne ? Comment serait-ce pour vous une digression qu'une page d'histoire sur votre Séminaire, l'explication de quelques traditions de la maison, des mots rapides sur un principe d'éducation, la description de votre villa des jours d'été, la traduction des sentiments qui vous animent lorsque vous gravissez, dans vos gaies promenades, les pentes riantes du coteau de Saint-Vincent, et que vous passez émus devant les portes closes du Carmel Agenais.

Que si vous rencontrez des lignes évidemment écrites pour d'autres un récit qui, pour vous, aura peu d'intérêt, pensez qu'au souvenir ravivé de la moindre action de son fils, la pauvre mère de l'enfant mort pleurera, que la voix du vénérable et vieux curé de Gontaud, tremblera d'émotion en les lisant aux anciens camarades d'Alfred.

Et je goûterai moi-même une douce consolation à le retrouver ainsi tout entier, jusque dans les petits détails de sa vie, cet élève que ses qualités d'intelligence et de caractère m'avaient fait remarquer, ce frère plus jeune, oserai-je dire, dont les dernières souffrances et la disparition soudaine ont si cruellement déchiré mon cœur.

Oh! vous comprendrez cet aveu, et vous me pardonnerez, vous tous qui avez été mes élèves et qui avez aussi droit à mon affection, vous me pardonnerez de m'être spécialement attaché à votre condisciple disparu, pendant les jours de sa douloureuse agonie. Vous le savez, la douleur patiente, résignée attire la piété, la tendre sympathie ; et cet enfant a tant souffert, sans murmure, sans colère, avec foi, et le sourire sur les lèvres; au milieu même de ses souffrances, il a dit de si douces choses, il a exprimé de si nobles sentiments qu'il méritait bien de la part de son professeur, ce privilège de plus grande affection, comme il méritait les marques de regrets dont vous avez entouré sa dépouille mortelle, en témoignage de spéciale amitié et de particulière estime.

Et c'est pour tout cela que vous aurez un plaisir véritable à lire ces lignes, j'en suis convaincu, malgré le peu de talent que j'ai pu mettre à ordonner le récit et à colorer le style.

Encore vous dois-je avouer que le désir de vous être agréable, mes chers amis, n'eût pu seul me déterminer à livrer à l'impression une œuvre, qui, pour vous être spécialement destinée, n'en tombera pas moins dans le domaine d'un autre public, plus indifférent, et partant plus froid et plus sévère. J'aurai au moins pour excuse, même aux yeux de ces lecteurs du dehors, d'avoir voulu vous être utile

Vous trouverez, en effet, dans ces pages, élèves du petit-séminaire, l'édification d'un exemple constamment bon ; vous y admirerez la piété sincère et tendre d'un aspirant au sacerdoce ; vous y verrez un élève consciencieusement assidu à son labeur quotidien. Son exemple vous fera ressouvenir que Dieu prime tout dans la vie d'un séminariste. Il vous enseignera encore que si le premier devoir d'un jeune lévite est la piété, le premier devoir d'un séminariste, aux heures où il est surtout élève, c'est le travail.

De bonne heure en effet, l'expérience des autres avait appris à Alfred que, si nous valons quelque chose, c'est que nous sommes les fils de l'effort, et les ouvriers de notre valeur personnelle. La nature ne nous a pas si bien doués que nous puissions acquérir sans peine. C'est à la sueur du front que l'homme mange son pain matériel ; ce n'est pas d'une autre façon qu'il nourrit son intelligence, en l'embellissant. Et c'est pour l'avoir compris, et ne l'avoir jamais oublié, qu'Alfred peut vous être offert comme un modèle à imiter.

Vous connaissez l'adage : *verba movent, exempla trahunt.* Certes les bons conseils vous sont prodigués, et chaque jour on vous rappelle pour vous exciter au bien et à la vertu, les saints Louis de Gonzague, les Stanislas Kostska, les Berchmans, vos aimables patrons. Eh bien ! vous dirai-je, voici un exemple plus rapproché de vous plus à votre portée, ce semble, l'exemple d'un enfant qui a passé au milieu de vous, en attirant vos âmes par le charme de ses vertus.

Cet exemple-là, mes chers amis, sera entraînant, si vous avez au cœur un peu de générosité, un peu de bonne volonté, et le culte du souvenir. Ce vous sera une noble et déterminante excitation à l'étude que ce regretté condisciple aimait tant, à la piété qu'il avait si douce et si franche ! Et si vous le voulez, son apostolat trop rapide aura été pourtant fécond et fructueux ; il aura prêché éloquemment par son exemple, et il aura entraîné à sa suite, dans les voies de la perfection, toute une génération de futurs prêtres. Aimable enfant, j'aime à lui voir dans le ciel, cette couronne de jeune apôtre que, par votre fidélité à marcher sur ses traces vous aurez puissamment contribué à lui obtenir plus resplendissante.

Et du sein de Dieu où il repose, il vous bénira, comme je le désire, d'une bénédiction sainte et efficace ; et sa main s'étendra protectrice à la fois sur les élèves et sur les professeurs du séminaire, sur tous vos maîtres aimés qui vous portent, croyez-le bien, mes chers amis, si grand intérêt, affection si vraie, et se dépensent pour vous avec un entier dévouement.

CHAPITRE I.

UN NOUVEAU

On apercevait de petites villas rouges, vertes, modestes châlets d'été qui annoncent d'ordinaire l'approche des villes.

Bientôt le train stoppa ; nous étions en gare.

— *Agén ! Agén !*... cria une voix qui était bien du cru, une voix des bords de la Garonne.

On se pressait aux portes de sortie ; sous les rayons brûlants qui tombaient tout d'en haut, des vitrages, on respirait, dans cet intérieur de gare, une atmosphère de serre surchauffée.

Quelle transition ! en quelques jours, presque en quelques heures, des monts d'Auvergne et du Plomb du Cantal déjà couverts de neige, je tombais dans les plaines de l'Agenais où le vrai soleil du Midi ne fait jamais grâce aux revenants des pays froids.

Pour la troisième année, à la même date du 15 octobre, j'allais reprendre mon crayon bleu de professeur de grammaire. Çà et là, le long des rues, je rencontrai de petits séminaristes jouissant de leurs dernières heures de vacances. Ils erraient au gré de leur curiosité naïve, les yeux dans les vitrines, comptant les étages des maisons neuves, ou semblant déjà se diriger, par de longs détours, vers le Séminaire.

— Eh bien ! me fit M. le Supérieur, en me voyant entrer dans son cabinet, vous y tenez décidément à votre chiffre de l'an dernier. Vingt et un sont encore inscrits pour la Cinquième !

Comme je traversais la cour, quelques instants après, tous ceux de mes anciens élèves qui se trouvaient là, se précipitèrent vers moi avec un joyeux empressement. Ils m'aimaient bien, ces enfants, l'année précédente, autant au moins que je les chérissais. Leur démarche toute spontannée me toucha vivement.

« J'en ai encore vingt et un, pensai-je; c'est un joli nombre : mais si je me les attachais comme ceux-ci, je n'y perdrais ni mon temps, ni ma peine. »

En ce moment, j'entendis chuchoter dans un groupe, non loin de moi.

— Le voilà, oui, c'est votre professeur !

— Il n'a pas l'air méchant ! dit une autre voix.

Je reconnus dans ces paroles l'exclamation naïve d'un séminariste nouveau ; et je me détournai à demi pour le dévisager un peu. Mon regard rencontra naturellement le sien qu'il tenait fixé sur moi avec le désir de se révéler à lui-même, par cette simple inspection d'un instant, mes pensées, mes habitudes, mon caractère tout entier; et une foule de réflexions subites, pressées, confuses envahirent son esprit.

« Voilà donc, se disait-il sans doute, celui à qui je suis confié. Il peut me rendre heureux; mais il peut aussi me faire regretter mon foyer où ma mère du moins avait pour moi des soins attentifs. Va-t-il m'être doux et paternel, ou ne sera-t-il que le maître toujours craint quand il ne sait pas se faire aimer ?...»

Et puis son exclamation première lui remontait aux lèvres : « Oh ! il n'a pourtant pas l'air méchant ! »

C'était un enfant déjà grand, un adolescent presque, bien qu'il ne fût encore que dans sa quatorzième année. Il me parut porter dans ses yeux et sur ses traits l'expression de la plus entière franchise, et dans son maintien le ton parfait d'une modestie un peu craintive. Je sus le lendemain que cet enfant s'appelait Alfred Ladonne.

Ce soir-là, je ne reparus point au milieu des élèves ; mais de ma fenêtre, à de fréquents intervalles, sans même soulever les rideaux, ce qui aurait fait deviner mon poste d'observation, j'examinai longuement la physionomie de la cour. Il y avait de nombreux groupes où la gaieté dominait : c'étaient les anciens du séminaire qui se retrouvaient, échangeaient une poignée de main, et des rires et des mots joyeux. Entre amis on a tant à se dire après deux mois et demi de séparation ! A côté de ces groupes, je vis passer, errer plutôt, comme des âmes à la recherche de leurs corps, de ces pauvres petits séminaristes, arrivés là pour la première fois, et tout étonnés de n'avoir plus leur mère près d'eux. Ils allaient, visiblement embarrassés, hésitants, craintifs, jusqu'à ce qu'un ancien vînt charitablement les accoster, et les introduire dans le groupe de leurs condisciples. Là, ils se sentaient aussitôt un peu chez eux ; l'accueil était si bienveillant, ils étaient si vite adoptés !

Jusqu'à sept heures l'animation régna vive et bruyante dans la cour ; puis, au son de la cloche, les voix et les conversations se turent ; on se rangea en deux files sous le cloître, et le réfectoire fut littéralement pris d'assaut. Chacun se cherchait pour voisin un ami, ou un gai condisciple, en attendant que dès la prochaine entrée pour le dîner du jour suivant, le préfet de discipline assignât à chacun une place et un rang. Ce repas fut plein de gaieté ; mais il se termina rapidement : les uns n'avaient point faim, et les autres éprouvaient encore trop d'émotions pour pouvoir manger.

La communauté prit alors une marche lente et silencieuse le long des cloîtres; chaque division gravit les escaliers de son dortoir, et bientôt au calme absolu qui régnait dans la maison, on n'eût point cru que les vacances avaient pris fin. Oh! ce n'est pas que tous les yeux fussent clos. Que de petites imaginations dans ces têtes si gentiment enfoncées dans leurs oreillers, que de petits esprits battaient le rappel des émotions du jour. Que de petites lèvres attendaient le baiser que chaque soir la maman y venait déposer. Et la petite mère ne vint pas. Alors, de lassitude, les yeux se fermèrent et seule l'imagination revit en rêve la maison paternelle, les membres divers et chéris de la famille, le curé de la paroisse dont l'existence professorale venait de se terminer, les incidents du voyage, la ville d'Agen, le séminaire, et les condisciples joyeux, et le professeur qu'on n'avait pas bien vu, qui peut-être était méchant, qui déjà vous punissait ses élèves férocement, qui criait dans de terribles et soudaines colères... Oh! le maître! le maître ! Et sous le poids du cauchemar l'enfant se réveille.

— Maman! maman!

— Faites silence, s'il vous plaît! fait la voix grave du président du dortoir.

Effrayé, il cherche à se rendormir, le pauvre petit, en baisant dévotement la jolie croix d'argent que sa mère, avant le départ, a suspendue à son cou. Et quand la cloche le réveille, le lendemain, avant même les premiers rayons du soleil, l'enfant se reprend à la réalité de sa nouvelle vie de séminariste.

Chers enfants, pourquoi faut-il qu'on vous renferme ainsi dans les murs d'un établissement, sous le joug d'une règle paternelle assurément, mais qui ne vous laisse ni la liberté ni les mille petits soins du foyer? C'est qu'il faut que vous deveniez des membres actifs de la société, et que vos mères, qui ont bien commencé à faire de vous des hommes, ne savent ou ne peuvent souvent pas achever leur œuvre.

Je les revis tous au matin du 16 octobre ; quelques-uns des plus jeunes avaient pleuré dans la nuit. Ceux qui n'avaient pas mangé, la veille au soir, s'emparèrent de deux morceaux de pain gros, énormes, à désespérer l'appétit d'un terrassier ; et tout ce pain trouva logement dans ces estomacs d'enfants. Oh ! combien, ce matin-là, regrettèrent le chocolat au lait, ou les tartines de beurre dont on les avait tant gâtés chez eux, et dont parfois ils avaient fait fi jusqu'à les partager par bonne moitié avec le chat le moins fort en griffes de la maison !

Eh bien ! la joie n'est pas au fond d'une tasse de chocolat ! il y en eut dix, vingt peut-être, mordant dans leur pain sec au milieu d'un rire franc et qui sonnait gaiement comme les notes de leurs voix enfantines, tandis que la veille, ils étaient encore délicats et gourmands. Heureux et rapide effet de l'existence loin de la famille : disparition instantanée des défauts qui ne tiennent qu'à des habitudes et non à la nature !

Il était bien 9 heures quand je reçus la

première visite, la visite officielle de mes nouveaux élèves. Je les aperçois encore se rangeant en demi-cercle dans ma chambre, tandis qu'appuyé à une table, je leur faisais face, et les saluais d'une légère inclination de tête à mesure qu'ils entraient et prenaient leur rang tout devant moi. A ma gauche, se trouvait l'élève nouveau qui, la veille, au premier regard avait lu dans mes traits que je n'étais point méchant. Je le pris à partie.

— Mon ami, lui dis-je, on vous a sans doute prévenu : je suis le plus féroce professeur. Tous ceux de mes enfants qui ne me satisfont pas par leur travail et leur conduite, je les mange ! Etonnez-vous ensuite que je ne sois pas gras : je me nourris de si méchante viande !...

Je vis bien aux sourires qui accueillirent mes paroles que ma déclaration de férocité n'était pas de nature à modifier l'opinion première de l'enfant. Brièvement je leur dis en quelle estime, en quelle amitié un professeur tient les élèves laborieux, appliqués et vraiment sages; et, en les engageant tous à mettre dans mes mains leur pleine bonne volonté, je leur rappelai le mot d'un écrivain célèbre à la jeunesse catholique de Paris : « Messieurs, si vous n'en faites rien, donnez-moi vos vingt ans. » — « Si vous ne savez pas, ajoutai-je, mettre à profit vos douze ans, vos quinze ans, remettez m'en la charge et la direction pendant ces dix mois ; c'est-à-dire laissez-vous pousser et assouplir au travail et à la vertu. C'est ainsi seulement que vous vous créerez des droits à l'affection et à l'estime de vos maîtres. »

Que leur ai-je dit encore ? Je ne sais plus. Pendant quelques instants je les interrogeai sur leurs villages, leurs familles ou leurs distractions des vacances. Puis, chacun balbutia un « bonjour Monsieur ! merci Monsieur ! » et ils se retirèrent toujours gais et souriants, et, de plus, résolus à un travail opiniâtre pendant l'année scolaire.

Mon nouvel élève, qui m'avait donné son nom dans cette demi-heure de conversation, Alfred Ladonne, sortit le dernier. Je mis doucement la main sur son épaule au moment où il allait disparaître à la suite de ses condisciples : « Souvenez-vous bien, lui dis-je, que je suis féroce ! féroce ! »

Et l'enfant partit avec un bon sourire qui signifiait : « D'abord je vous satisferai, et secondement vous n'êtes pas si méchant que cela ! »

CHAPITRE II.

GONTAUD

— Monsieur, m'avait répondu cet aimable enfant, je suis de Gontaud.

Située à quelques kilomètres seulement en amont de Marmande, dans la riche et large plaine de la Garonne, coquette et même prétentieuse avec son air de petite ville, cette antique cité a été bâtie et s'est developpée à l'ombre de son château féodal. Hélas! du géant de pierre il ne reste plus qu'un corps de logis découronné de grandeur, peut-être un donjon, qui semble honteux de son existence et de son rôle désormais inutile. Vicissitude des choses! la petite ville s'est accrue de toutes les démolitions du château ; et tandis qu'une pierre se détache encore de ce qui fut la puissante et lourde forteresse, et que le temps démantèle chaque jour, là-bas, à l'extrémité du bourg, s'élève une maison neuve, toute moderne, aux murs étroits, bâtie dans les formes sveltes d'un châlet, avec des couleurs criardes le long des lignes droites. N'importe ! en dépit de cet injurieux contraste c'est encore vers les fenêtres croisillées du château que se portent instinctivement les regards de l'étranger. S'il allait paraître là, pense-t-on, un chevalier des temps antiques, une ombre seulement, le profil martial d'un Gontaud-Biron dans les vitres tremblantes au vent un panache de casque, ou la silhouette d'une des dames blanches qui gardent les ruines et hantent les vieux manoirs ! Mais non, le mystère ne plane même plus sur ce témoin du passé ; dans notre siècle sceptique et positif, les hommes ont enlevé leur âme à ces vieilles choses; tout cela parlait autrefois un langage compris ; cela parle peut-être encore, mais assurément on ne comprend plus.

C'est précisément dans l'une des maisons les plus proches du château, que le 13 mai 1874, la venue d'un enfant comblait bien des vœux et remplissait bien des espérances. Ce tout petit être, à une date qu'il devait appeler fatidique, jetait dans ce monde son premier vagissement. « Je suis né un treizième jour de mois, et un mercredi, disait-il plus tard ; cela ne peut pas me porter bonheur! » Il fut baptisé dans l'église Notre-Dame de Gontaud, et on donna à ce petit frère des anges, les noms saints de *Alfred-Bernard*. Quels ne furent pas en ce jour les chants joyeux des cloches célébrant la régénération d'un enfant dont la vie devait s'écouler rapide mais sereine aux pieds des saints autels ! Quelles notes d'alleluia chrétien elles durent lancer pressées, éclatantes dans le ciel de Gontaud et vers les lointains horizons ! Je les ai entendues depuis, mais que leurs sons étaient lents, et leur voix lugubre ! C'est qu'elles connaissent tous les sentiments, ces cloches chrétiennes que le prêtre bénit.

« L'airain, retentissant dans sa haute demeure,
« Sous le marteau sacré tour à tour chante et pleure
« Pour célébrer l'hymen, la naissance ou la mort !... »

— Montrez-nous donc votre petit Alfred, demandait-on à la mère, quelques jours après le baptême.

— Non, non, répondait-elle ; mon enfant est chétif et pâle, et petit à tenir dans ma main ; laissez ce voile sur sa tête. Je n'ose l'exposer ni à l'air vif, ni à un rayon de soleil. Oh ! laissez, laissez, c'est si fragile, c'est si petit . . »

Et elle s'éloignait partagée entre la joie et l'inquiétude. C'est que l'enfant paraissait ne tenir à l'existence que par la volonté et l'amour maternel ; et son petit corps ne se développait point ; c'était grand'pitié de le voir si faible, si peu vivant.

— Je vais le consacrer à Notre Dame de Gontaud ; elle me le gardera, dit la pauvre mère.

Et la bonne Dame vit l'enfant sur son autel, et, sans doute, elle eût bien voulu prendre pour le ciel cette âme, qui semblait se détacher du corps où elle ne venait que d'entrer ; mais la Vierge vit aussi autour du nouveau-né bien des cœurs brisés ; elle se rappela qu'on ne la prie jamais en vain, et elle garda l'enfant à sa famille.

A ces craintes, à ces sollicitudes de tous les instants vint s'ajouter une épreuve peut-être plus dure encore. La nature a parfois de ces rigueurs ; en mettant au cœur de la mère l'étendue et l'énergie de l'amour le plus fort, elle ne lui accorde pas toujours ce qui serait la plus vive satisfaction de ce sentiment, c'est à dire la puissance d'allaiter son enfant. Alors il survient une femme inconnue qui consent à aimer, à soigner, à nourrir, pour de l'argent .. pour de l'argent ! Ah ! c'est précisément là ce qui le plus souvent avilit cette noblesse du cœur qu'on nomme l'affection Si vous avez des amis, si vous voulez reconnaître un dévouement, ne mettez jamais de l'or entre votre âme et les âmes que vous aimez : on ne se rencontre jamais bien à travers cette matière isolante.

Cependant cette séparation entre l'enfant et sa vraie famille n'égala point, en durée, la grandeur du sacrifice qu'elle avait coûté. Alfred avait à peine cinq mois quand sa nourrice épuisée le remit à sa mère, toujours pâlot et maigrelet. Alors l'amour maternel aida au miracle de la conservation de cette existence. Une alimentation fortifiante remplaça la lactation habituelle aux enfants de cet âge ; et les soins et les caresses grandissaient de plus en plus, à mesure que se fortifiait l'espoir ou que se manifestaient de plus vives inquiétudes pour la prolongation de cette vie à peine commencée. C'est ainsi que dans notre plus tendre enfance nous élèvent nos mères, tantôt soutenues par l'espérance, tantôt abattues ou rendues plus fortes par l'angoisse et les alarmes Ces êtres, les plus faibles de la création, ces jeunes mères penchées sur un berceau, supportent sans en être brisées, en un jour, souvent en une heure. plus de chocs d'émotions, plus de formidables commotions morales qu'il n'en tient parfois dans une longue existence d'homme. Béni soit Dieu ! qui, pour donner et conserver la vie à l'enfant, s'est choisi comme prolongement de lui même, comme providence près des berceaux, des créatures à la fois si délicates et si fortes.

Alfred néanmoins ne se prenait pas franchement à vivre. Il se manifesta même, un soir, en lui, un tel état de prostration, de défaillance, que, les larmes aux yeux, la famille n'attendait plus que la fin des continuelles souffrances dans ce petit corps. L'ange de la mort n'avait, semblait-il, qu'à ouvrir son aile pour éteindre cette lueur de vie, hélas ! si vacillante. C'est à ce moment, qu'appelé auprès de ce berceau si près de devenir un cercueil, M. le curé de la paroisse accourut, traça sur le front de l'enfant le signe du salut, renouvela peut-être à la Madone de Gontaud la consécration que la mère lui avait faite de son enfant, et une seconde fois la Vierge disputa et arracha à l'ange de la mort cet ange de la terre.

Bientôt le caractère continuellement alarmant de cet état maladif disparut. Alfred resta chétif, mais on goûtait vraiment une immense joie, après tant d'inquiétudes, tant d'angoisses, à le contempler par moments mêlé à ses tout petits camarades de deux ou trois ans, prenant part à leurs jeux, et riant de leur rire si pur si joyeux. C'était pour la famille la sérenité dans un ciel longtemps chargé de nuages menaçants, le calme après l'orage, un commencement de félicité après des années de déchirantes peines. Dieu du reste ménageait ainsi le courage et les forces de la mère, en lui donnant l'occasion et le sujet de se refaire, hélas ! pour affronter sans défaillir de plus rudes et prochaines épreuves.

Lorsque s'acheva pour Alfred la cinquième année, survint dans sa petite existence un bien gros évènement. Il avait bien vu que ses compagnons de jeux, l'abandonnant à des heures précises de la journée, allaient s'enfermer silencieusement dans une grande maison qu'on nommait l'école ; sa mère lui avait bien dit, en promenant son doigt sur le premier feuillet d'un petit livre, que, sous le regard d'un maître, les petits enfants apprenaient à dire comme lui : A, B...., M.... Y, Z ! Mais il avait aussi appris de ses camarades combien la classe est chose ennuyeuse ; lui-même avait éprouvé tant de difficultés et de fatigue, l'alphabet ouvert sur les genoux maternels, à distinguer les lettres entre elles, qu'assurément ces choses-là n'étaient point faites pour lui.

Un jour cependant, au retour des jeux, il fut averti que bientôt il suivrait ses camarades dans cette salle, où l'on commence à devenir savant.

— Mais, maman, répondit l'enfant, ce n'est pas la peine que tu m'envoies en classe; je comprends que tout ça, c'est difficile; je n'apprendrai jamais à lire.

— Ton père le veut, mon petit, lui dit sérieusement sa mère dans un baiser et une caresse.

Alfred s'aperçut peut-être alors qu'il existait pour lui une autorité plus inflexible que l'autorité maternelle, toute faite de complaisances. L'extrême délicatesse de sa santé l'avait soustrait jusqu'à ce jour à la mainmise du père sur son enfant; il allait se sentir pour la première fois sous cette domination nouvelle dont le caractère rigide déconcerte parfois les sentiments de filiale affection. Comment, en effet, accepteraient-elles

les premières rigueurs et sévérités de la volonté paternelle, ces toutes jeunes intelligences, qui ne comprennent rien à la vie, et surtout au rôle que nous y tenons et pour lesquels on les veut préparer ? Comment, habitués en petits tyrans à dominer nos mères, trouverions-nous bon de nous sentir tout-à-coup les sujets forcément soumis d'une puissance indiscutable et irrésistible ? surtout quand la voix maternelle nous dit confidentiellement toujours : « C'est ton père, mon ange, qui le veut ainsi ! » — « Mon père m'ordonne une chose désagéable, pense l'enfant ; mon père, c'est donc le maître, tandis que ma mère, eh bien ! elle n'est que ma mère ! . . . » Et voilà bien comment, heureuses mères, vos fils vous aiment tant dans leur âge le plus tendre, voilà aussi comment plus tard il vous semble qu'ils vous chérissent moins, parce qu'ayant enfin compris l'intelligent quoique sévère amour de leur père, ils cherchent à le dédommager de tous les tendres sentiments qu'ils rapportaient autrefois trop exclusivement sur vous.

Alfred n'échappa point à la loi commune. Quelques jours après l'avertissement donné, le père prit son fils par la main, et doucement mais résolûment le présenta à l'instituteur de Gontaud, qui lui assigna à l'extrémité d'un banc la place du dernier venu. Dès cet instant Alfred accepta volontiers son nouveau genre d'existence ; il ne lui déplaisait pas d'être soumis au même travail que ses nombreux camarades dont il partageait si gaiement les récréations. Et quelle joie ce fut pour lui, quand, au bout de ses deux premières années d'école primaire, il put dire, un soir, à son père et à sa mère : « Oh ! je sais tout l'alphabet ; j'ai changé de livre ! »

A cette époque la santé de l'enfant, jusque-là toujours un peu chancelante, se fortifia étonnamment. Son petit corps se moula dans des formes plus vigoureuses, et de son état maladif il ne resta plus pour tous que le souvenir de plus en plus lointain bien que non effacé.

Ce fut un moment de bien douce joie pour la famille ; tout à nouveau la santé avait reparu dans ce foyer d'où elle était restée si longtemps exilée. Mais ne fallait-il pas craindre qu'elle eût désappris de séjourner longuement dans la demeure qu'elle retrouvait? Les jours, ou les mois de bonheur parfait assez ordinairement durent peu. Ici-bas les joies sont courtes parce que tout passe, parce qu'il y a dans toute la création, dans les choses et les êtres animés, comme un besoin toujours inassouvi, comme une perpétuelle nécessité de changement, qui, par contraste, nous élève jusqu'au seul Immuable, jusqu'à Dieu.

§ II

L'enfant n'avait pas tardé à gagner l'affection et l'estime de son instituteur. Ainsi sont faits les cœurs des hommes voués à l'éducation de l'enfance : ils s'attachent volontiers à ceux de leurs élèves qui unissent la douceur du caractère aux dons heureux de l'intelligence. Or, dans sa huitième année, Alfred manifestait de vraies dispositions pour l'étude; il avait en outre dans ses paroles cette gentillesse enfantine qui incline les âmes et illumine les visages même attristés, et une façon gaie, toute franche et naïve dans ses manières. C'est par ces côtés charmants qu'il devait plus tard se recommander aussi à d'autres maîtres et se faire aimer d'eux.

— Dis-moi, Alfred, interrogeait le maître d'école, allons-nous faire une promenade, ce soir ?

— Oh ! je veux bien, Monsieur, si maman le permet.

— Vous êtes bien bon, Monsieur, disait la mère, de vous charger ainsi, chaque dimanche au soir, de la garde de ce petit diablotin . . .

— Dites donc de ce petit ange ! reprenait vivement l'aimable maître. Puis tous les deux, l'instituteur et l'enfant, s'engageaient habituellement dans la longue route qui mène de Gontaud au bourg voisin de Fauillet. A cette époque ce chemin était bordé d'arbres majestueux, pleins d'ombre et d'oiseaux aux jours d'été, et formant sur la tête des promeneurs une magnifique voûte de verdure. Il ont disparu depuis sous la hache de quelque administration à court d'argent.

Pendant ces promenades dominicales, c'était au maître de parler, mais l'enfant jouissait du droit d'interrompre, de questionner, et même parfois de développer ces petites idées en toutes les choses que pouvait aborder sa jeune intelligence. Soudain le bon instituteur se trouvait seul : son élève courait là-bas, tout devant, après un papillon souvent insaisissable, ou, dans le fond du fossé, cueillait une fleur inconnue ; et toujours la capture de l'insecte ailé, ou le désir de connaître la fleur cueillie ramenaient Alfred près de son maître.

C'étaient alors une suite d'intarissables paroles gaies, alertes, ou sérieuses, coupées de distractions multiples. Nos instituteurs français ont d'ordinaire à leur service tout un volumineux répertoire d'historiettes, non plus religieuses comme autrefois, mais du mois patriotiques. N'est-ce point dans ces récits du premier maître, aux cours de fréquentes promenades, et à un âge où les impressions se gravent profondément, qu'il faudra chercher l'origine et l'explication de cet esprit et de ces pensées militaires qui subsisteront toujours dans l'âme d'Alfred ? On semblerait autorisé à l'affirmer. Toujours est-il qu'à l'époque où l'enfant allait achever sa huitième année, l'instituteur multiplia pour lui aimablement ses délicates attentions ; il fallait bien aussi en décharger la pauvre mère que d'autres soins, hélas ! absorbaient de nouveau.

— Comment va ton père ? demandait-on à Alfred.

— Maman pleure ! répondait l'enfant, alors c'est qu'il ne va pas bien du tout !

En effet, encore dans la force de l'âge son père venait d'être frappé d'une impitoyable maladie ; le système osseux était pronfondément atteint ; et plusieurs opérations jugées nécessaires ne réussirent qu'à prolonger l'état de souffrance.

Il n'est pas possible de savoir de quelle affliction fut tourmenté le cœur du fils pendant les longs mois que son père passa dans les plus affreuses tortures. Telle était la sensibilité de sa nature, la délicatesse de ses sentiments, qu'il n'est pas douteux qu'il n'ait parfois blâmé la prudence maternelle le retenant loin du lit, où le malade vivait ses derniers jours.

La maladie du père avait, en effet, renouvelé toutes les inquiétudes de la mère pour la santé de son enfant. Dès lors Alfred eut une nourriture toute différente de celle de la famille ; il habita exclusivement une partie de la maison, et ne vit son père, chaque jour, qu'à de très rapides intervalles. Du reste il pleurait sur son père souffrant, mais n'avait point songé à sa disparition possible.

— Ton père ne va-t-il pas mieux aujourd'hui? lui demanda l'instituteur dans l'une de leurs promenades habituelles, très nombreuses à cette époque surtout.

L'enfant avait-il vu pleurer sa mère d'une façon plus désolée, ce jour-là ? Peut-être; mais au lieu de répondre, il fondit en larmes.

— Pauvre petit, reprit l'instituteur, ne pleure donc pas encore ; et que feras-tu s'il vient à mourir ?

— Oh ! fit l'enfant dans un geste violent et et dans un sanglot vous êtes cruel ; cela n'est pas possible !

Généreux enfant, cela ne lui semblait pas possible ! Noble mais trompeur sentiment que nous avons connu, caressé, entretenu par les plus vains raisonnements, par les plus ferventes prières, que nous avons payé comme lui de nos larmes les plus amères.

« La mort a des rigueurs à nulle autre pareilles. »

Pendant les premiers jours du mois de mai 1885, Alfred fut pour ainsi dire consigné chez M. l'instituteur, et c'est pendant ces jours que son père, vaincu par la maladie, après de cruelles souffrances, quittait ce monde avec la poignante angoisse d'en sortir prématurément, et d'y laisser une veuve et un jeune orphelin.

Ce pauvre orphelin, il n'avait pas reçu le dernier baiser et le dernier soupir de celui qui partait. Il n'avait pas entendu les suprêmes recommandations d'une âme qui s'envole à une autre âme aimée, sœur plus jeune dont elle avait la garde et la direction. N'importe, elle pouvait en paix gagner les éternelles demeures, cette âme du père d'un tel enfant. Alfred qu'on éloignait du lit funèbre, comme on l'avait écarté précédemment du chevet du malade, n'avait plus besoin, pour rester dans la droite voie de la vertu, des recommandations solennelles et attendries de son père mourant. La droiture de sa conscience lui traçait nettement les lignes d'une conduite honnête et vertueuse.

Il fallut qu'on représentât énergiquement à la mère que la place du fils était à côté du cercueil du père, pour qu'Alfred fût autorisé à rentrer chez lui, et à venir suivre le cortège funèbre.

— Mon cher enfant, s'écria la pauvre veuve, en revoyant son fils, et en l'embrassant dans un torrent de larmes : tu n'as plus de père, et je n'ai plus que toi ! . Puis se détournant elle ajouta : « Oh ! Dieu me prendra le fils après le père ! . je sens, je sens que je ne le garderai pas. »

On s'empressa auprès de tant de douleur et de désolation. L'enfant pleurait, et l'on s'étonnait de ce qu'il n'exprimait pas le désir de contempler une dernière fois les traits de son père.

C'est que la mort, pour l'enfance, est environnée d'un tel mystère de terreur qu'elle en est redoutable, même dans les personnes les plus chères. Peut-être un sentiment de cette insurmontable crainte arrêta-t-il Alfred ! au moment où son cœur le guidait naturellement vers la couche paternelle, et il n'est pas douteux qu'il se soit livré alors dans son âme un combat rapide instantané peut-être, mais terrible Qu'est-ce qui détermina telle issue de la lutte plutôt que l'autre ? Oh ! un rien sans doute, une caresse maternelle, un baiser, un simple regard qui attirèrent invinciblement le cœur déchiré du fils sur le cœur brisé de la mère. L'enfant de dix ans se réfugiait, comme en sa troisième année, dans les bras de sa mère, parce qu il sentait qu'à côté de lui était une vision troublante, et même redoutable, la vision de la mort!

Le long du chemin solitaire qui de Gontaud conduit au lointain clos des trépassés, entre deux haies dont Mai reverdissait les pousses inégales, on vit passer un funèbre cortège ; et, à la suite d'une grande bière, tous les regards s'arrêtaient émus, sympathiques, sur un petit enfant de dix ans Alfred. Avec la dépouille mortelle de son père il franchit le seuil du cimetière ; ses petits bras se tendaient vers le cercueil ; sa voix, pleine de larmes, réclamait aux vivants cette chère existence éteinte.

Le prêtre récita les dernières prières. Un bruit sourd, lugubre, le choc d'une motte de terre sur les planches lisses et sonores du cercueil, monta des profondeurs de la fosse bénite ; puis des bruits semblables se succédèrent, pressés, mais toujours sinistres et effrayants : des mains amies accomplissaient ce dernier et pieux devoir de la sépulture chrétienne. Il convient, en effet, que nos parents, ceux que nous avons aimés, jettent ainsi sur nos restes mortels ce premier linceul de terre, au sein du champ sacré où ils doivent attendre, dans le sommeil de la mort, l'appel à une autre vie.

La tombe allait à jamais se fermer, et, un à un, les amis du défunt, après avoir tracé sur eux un grand signe de croix, reprenaient le chemin de Gontaud. Sur le bord de la fosse où le cercueil venait de disparaître, Alfred s'aperçut-il qu'un regard attendri, compatissant, affectueux était tombé sur lui des yeux du vénérable prêtre qui avait présidé aux funérailles ? Et quand la main de ce vieillard pressa la petite main de l'enfant, l'orphelin sentit-il que cette main avait les douces étreintes de celles d'un père ? Mystérieuse providence de notre Dieu ! vous n'abattez que pour réédifier ; vous envoyez la mort frapper autour de nous les êtres les plus chers, et vous nous refaites aussitôt une famille aimée, vigilante ! Cet enfant perdait le soutien de ses jeunes ans, le conseil de son inexpérience, le guide de ses pas mal affermis dans les difficiles voies de la vie ; et soudain, en la personne de celui qui est dans chaque paroisse le père des orphelins, Dieu plaçait à ses côtés un soutien plus fort un conseil plus éclairé, un guide plus familiarisé aux difficultés du chemin.

On ne séjourne pas longtemps auprès des tombeaux ; et d'ailleurs le silence convient aux morts plus encore que les larmes et les sanglots. On emmena l'enfant, on le remit à sa mère. Oh ! quelles premières et cruelles heures d'isolement et de douleur ! et comme la maison dut leur paraître démesurément grande de tout le vide que laisse après elle une personne aimée qui nous quitte, de tout le vide creusé en leurs cœurs par cette disparition !

Et elle était vraiment grande la maison d'Alfred, aménagée qu'elle était pour un établissement de commerce. Aussi, quand furent passés les premiers jours de cet état d'abattement, de cette inertie morale qui accompagnent les grands ébranlements de l'âme, Madame Ladonne s'avoua que la direction de son établissement commercial était au-dessus de ses forces. Dans un quartier excentrique de Gontaud, sur la route qui conduit à Tonneins, elle acheta une modeste demeure, y installa un fond d'épicerie, et vint y habiter avec son fils. L'autre maison, sise au centre du bourg, put être facilement vendue.

La nouvelle habitation d'Alfred donnait par ses appartements d'arrière à pleine vue sur la campagne ; même il se trouvait, attenant à la maison, et en dépendant, un petit enclos, peut être un jardin, peut-être une prairie, en tous cas un champ de récréation qui n'était plus ni la place publique toujours malsaine dans les petites villes, ni les grandes routes aux nuisibles réverbérations et à l'atmosphère empoussiérée. Oh ! là, l'enfant vécut comme dans son élément naturel : chaque arbre reçut un petit nom d'amitié, chaque fleur fut dépositaire d'un de ses doux sentiments. Et quand à la fin du jour Alfred s'asseyait près de ses parterres embaumés, il lui arrivait parfois de se pencher, pour dire ses secrets d'enfant aux étoiles d'un bassin qui orne encore le petit enclos.

L'existence, attristée par le souvenir d'un deuil si récent, ne laissait pas de s'écouler douce et même agréable pour Alfred, auprès de sa mère qui n'avait plus que lui à aimer. Nul soin ne lui manquait, et aucune des distractions qu'il pouvait raisonnablement demander ne lui était refusée. Assez ami de l'étude pour ne point considérer l'école primaire comme une petite prison, assez intelligent du reste pour y réussir et y occuper un bon rang parmi ses condisciples, il ne retranchait pas une minute au temps régulièrement marqué pour ses devoirs scolaires ; mais aussi ne prélevait-il que le temps des repas sur ses heures de récréation. C'était avec un entrain remarquable, et même avec un peu de pétulance qu'il se livrait aux jeux de son âge. La vie, si longtemps hésitante, circulait à flots dans ce corps raffermi, grandi, presque vigoureux.

§ III.

Même avant la mort de son père, Alfred avait pris rang parmi les enfants de chœur; et il se montrait très heureux et très fier de sa charge. Il est vrai de dire que les enfants de chœur de Gontaud par leur nombre, leurs superbes costumes, leur tenue, la régularité de leurs mouvements d'ensemble, pourraient l'emporter facilement sur les maîtrises de plus d'une église cathédrale. Sous son surplis de dentelle et sa soutanelle rouge ou violette, le petit Alfred avait des airs de chérubin. Au pied de l'autel ses mains se joignaient dévotement; son visage prenait une douce expression de recueillement; il y avait, dans toute son attitude, la traduction d'un sentiment de piété intime et sincère. C'est peut-être à cette date de son existence, qu'il faut placer le gros évènement de sa comparution en Cours d'assises.

On connaît ces vers de Guiraud dans *la Prière de l'enfant.*

« Et que ma voix s'élève à toi
Comme cette douce fumée
Que balance l'urne embaumée
Dans la main d'enfants comme moi. »

Au soir d'une belle fête religieuse, c'était la main d'Alfred qui balançait, devant l'autel richement paré l'urne embaumée, l'encensoir fumant. Comment avait-il choisi, ce jour là, les braises destinées à recevoir et à brûler l'encens? Peut-être avait-il pris par mégarde, ou peut-être avait-on pris pour lui, malicieusement, des charbons de bois de pin. A chaque oscillation de l'encensoir une gerbe d'étincelles, toutes vives et pétillantes, était projetée de droite et de gauche. Cela produisait un effet très gracieux à voir, ces traînées lumineuses enveloppant l'urne en mouvement. Mais tout à coup, du siège d'un enfant de chœur, monta un filet de fumée légère mais noire, sentant l'étoffe brûlée, tandis qu'un cercle lumineux se dessinait, grandissant étonnamment vite, dans un blanc surplis au tissu délicat. Il se produisit un mouvement de surprise, de désordre, et presque de terreur, parmi ce jeune monde d'humbles lévites. Leurs petites mains s'agitaient, et montraient le cercle rouge qui grandissait toujours : heureusement le suisse intervint, et l'incendie fut vite arrêté dans son commencement.

Mais vint le moment d'établir les responsabilités d'un fait si grave.

— Vous êtes des imprudents, mes petits, dit sévèrement Monsieur le Curé à ses enfants de chœur rentrés avec lui dans la sacristie.

— C'est Alfred ! c'est Alfred ! dirent toutes les voix.

— Peut-être qu'il voulait nous faire brûler, murmura un petit gamin de sept ans

— Et faire brûler l'église ! ajouta un autre.

— Voilà de bien graves accusations se hâta de dire M. le Curé, saisissant au vol une pensée heureuse qui traversa son esprit. Est-ce qu'il y aurait tentative d'incendie? J'ai bien envie de faire comparaître Alfred devant un tribunal?

— Oh! oh! pour ça?.... hasardèrent tout bas les petits accusateurs, avec un signe de désapprobation.

— Oui, pour çà, reprit sérieusement M. le Curé, Alfred sera traduit en Cour d'assises!

— Mais je n'ai pas voulu, c'est sûr, s'écria Alfred en fondant en larmes, je n'ai pas voulu mettre le feu à rien du tout!...

— Tu te défendras devant tes juges; et puis, je te donnerai un avocat! dit sèchement M. le Curé. Tiens, qui veux-tu de tous ceux-ci pour présenter ta défense?

Alfred leva sur M. le Curé des yeux étonnés, et resta muet.

— Toi, Gaston, continua M. le Curé, tu seras juré; et toi aussi Louis, puisque ton père l'a été aux dernières assises Vous qui avez accusé, souvenez-vous bien de ce que vous avez dit; du reste, Adrien, tu seras l'avocat à charge...

—Ceux qui n'avez point d'emploi spécial, ajouta M. le Curé, après avoir encore distribué d'autres rôles, vous serez les témoins pour ou contre.

— Alors, fit timidement Alfred, ce n'est pas sérieux ?

—Plus que tu ne le crois, mon jeune ami, répondit M. le Curé. Il pourrait bien y avoir pour toi quelques bons mois de prison ou autre chose aussi peu agréable. Allons ! les petits, les débats sont remis à huitaine, pour donner le temps aux avocats de préparer leurs discours... Et point de prison préventive ! Sauvez-vous tous bien vite, et emmenez-vous Alfred, de peur qu'il me vienne l'idée de le retenir.

Le dimanche suivant ne vint pas assez vite au gré de toutes ces curiosités surexcitées. Alfred cependant paraissait fort préoccupé, et songeant à la menace de M. le Curé, les autres enfants n'étaient pas bien rassurés eux-mêmes sur sa situation.

Dans une salle attenante au presbytère, la salle du catéchisme, on installa tout l'appareil judiciaire; et au jour, et à l'heure dite, à l'issu des vêpres, une vraie foule constitua le public des singulières assises dont les séances allaient s'ouvrir. Le Jury prit place sur des sièges disposés en demi-cercle, et l'accusé comparut à son banc avec une contenance calme, modeste, le visage un peu pâli; tous les yeux qui s'arrêtaient sur lui obstinément l'impressionnaient beaucoup, et cette émotion l'aidait à bien rester dans son rôle d'accusé, pénétré de repentance et de confusion. Il répondit cependant avec sang-froid aux questions insidieuses du président du Jury ; il fut même habile dans ses réponses.

L'avocat de la ville de Gontaud se montra terrible ; il ne demanda rien moins que « la mort sans phases contre ce précoce homicide, ce sacrilège incendiaire dont l'âme était aussi noire que les charbons éteints de l'encensoir !... » Son discours, d'une éloquence imagée, produisit sur Messieurs les jurés une impression profonde qui ne devait pas s'effacer, malgré la brillante plaidoirie de l'avocat défenseur. « Souvenez-vous, s'écria celui-ci en terminant qu'Alfred est un des nôtres; et que vos âmes se laissent toucher par le passé entièrement honorable du prévenu. De qui mon client n'est-il pas l'ami, ici ? Faudrait-il vous dire les qualités de son cœur, de son esprit ? Mais vous les connaissez et les avez en haute estime. Nul être humain ne devient méchant, homicide, incendiaire, sacrilège, tout d'un coup. Je ne vois qu'un pur hasard où d'autres prétendent découvrir un crime. Devant sa conscience et aux yeux de tous ceux qui le connaissent, Alfred n'est pas coupable, et il attend de votre justice, MM. les jurés, la proclamation de son innocence. »

Le Jury se retira dans une salle voisine, pour émettre son verdict qui fut affirmatif sur le chef principal de tentative préméditée d'incendie, mais avec un nombre considérable de circonstances atténuantes.

En conséquence les juges écartèrent la peine de mort, et même la déportation, et finirent par laisser à M. le Curé le choix de la peine à appliquer.

La Cour reparut dans la salle des séances où son retour était impatiemment attendu. Lecture fut donnée du verdict et du jugement. « La Cour, déclara ensuite M. le Curé.prenant en considération la jeunesse et le passé entièrement honorable du prévenu, enjoint au sieur Alfred Ladonne, en expiation de son forfait, de servir sur le champ et à volonté, à Messieurs les jurés, juges, greffiers, et particulièrement aux diserts avocats de cette célèbre cause, des gâteaux, vin blanc et sucreries, aux dépens du buffet et de la cave presbytérale. » Enfin le condamné devait se servir le dernier et porter, avant boire, la santé de toutes les personnes présentes.

Ce furent dans la salle des applaudissements et des rires bruyants et prolongés.

— Mesdames et Messieurs, cria bientôt la voix du président, je ne puis supporter que le public manifeste si hautement ses sentiments devant le Jury et la Cour ; à mon grand regret, le règlement en main, je dois faire évacuer la salle. Huissiers, faites votre devoir ! . .

D'huissiers, il n'y en avait point ; mais le public, respectueusement obéissant, s'écoula en quelques minutes par les deux portes de sortie, tandis que la sentence recevait prompte exécution. Les libations furent gaies et fraternelles. Alfred se servit le dernier, porta un toast à tous ses camarades, et remercia particulièrement ceux dont les accusations avaient fait concevoir l'idée d'une si intéressante séance judiciaire. On fit une ovation à M. le Curé.

— Dimanche prochain tu vas mettre le feu à un autre surplis, dit à Alfred un de ses compagnons de jeu et de sacristie, lorsqu'ils se retrouvèrent tous dans la rue

— Oh ! non, dit vivement celui-ci, on ne doit jamais mettre le feu volontairement à rien du tout. M. le Curé a été très bon, mais ce serait abuser que de recommencer.

§ IV.

Alfred était dans sa douzième année. Depuis deux ans déjà, c'est-à-dire depuis la mort de son père, il était devenu l'enfant du presbytère. La sœur de M. le Curé, Mlle Honorine Jacomy, d'un âge avancé, l'aimait beaucoup, et entre deux classes d'école primaire, M. le Curé lui-même s'occupait de lui faire marmotter une déclinaison latine.

— Je t'assure, maman, dit un soir Alfred en rentrant chez lui, je t'assure que la langue des prêtres est intéressante ! .. Oh ! mais M. le Curé m'a appris aujourd'hui une bien grande nouvelle !.....

— Quoi donc ? mon ange.

— Oh ! il va falloir que je sois bien plus sage qu'auparavant : bientôt je ferai la première Communion !. . Tu comprends, c'est une bien grande action. Tiens, à partir d'aujourd'hui, je vais ajouter cinq « *Notre Père* » à ma prière du soir.

— Oui, oui, mon enfant, dit la mère attendrie, et je prierai aussi pour toi. Mais il te faudra être tout à fait sage.

— Oui, maman, je serai tout à fait sage, car je veux bien faire ma première Communion.

Alfred était de ces enfants qui tiennent les promesses. Il travailla mieux encore à l'école, évita soigneusement les disputes avec ses camarades, et se montra très empressé à aider sa mère dans les petits travaux de la maison.

C'est surtout à l'église qu'il fallait voir cet enfant entrer avec une démarche presque lente, respectueuse, s'agenouiller, les mains jointes, le front incliné, et prier avec recueillement.

— « Je ne connaissais pas Alfred, disait depuis une dame de Gontaud, Mme Campagne; mais un soir, au fond de l'église, un groupe d'enfants s'agitait et bavardait si haut, que je me retournai comme pour leur imposer silence: Ils avaient l'air d'être venus là pour s'amuser. Un seul d'entre eux tous était agenouillé, et, les mains jointes, priait si pieusement que je demandai son nom. C'est le petit Ladonne, me répondit-on. — Il ressemblait à un ange, tant son attitude était recueillie. »

Sa préparation à l'acte important de la

Communion première fut longue et sérieuse. Chaque soir, pendant plusieurs mois, il étudia dans sa maison le catéchisme du diocèse ; et il écoutait, avec attention et avidité, les développements de la doctrine chrétienne que M. le Curé de Gontaud se faisait un devoir d'exposer, avec quelques détails, aux jeunes âmes que Jésus allait bientôt s'unir.

C'était plaisir à voir Alfred mettre en action surtout les préceptes de charité dont le vénérable prêtre faisait la base de son enseignement pratique. L'enfant n'omettait jamais une occasion d'être utile ou simplement agréable à ses camarades ou aux personnes plus âgées que lui. Pendant une après-midi sa mère le vit remonter la principale rue de Gontaud, à demi-courbé et disparaissant presque sous le faix de lourds fagots de chêne. Il marchait à côté d'un ouvrier qui poussait devant lui une brouette surchargée de gros bois et de branches encore vertes. Lorsqu'elle le revit, le soir, elle ne put s'empêcher de le blâmer :

« Je ne veux pourtant pas, tu le sais bien, fit elle avec brusquerie, que tu sois le domestique des gens de Gontaud. »

— « Mais, maman, répondit timidement Alfred, cet homme était trop chargé ; ses fagots tombaient toujours ; il fallait bien l'aider. »

C'est un semblable sentiment qui lui faisait dire au sacristain de Gontaud : « Ça doit bien vous déranger de venir tous les matins à l'église, pour sonner la messe, préparer l'autel et allumer les cierges. Je vous ferai tout cela ; et vous n'aurez pas à abandonner votre travail de menuisier ! Que si par hasard M. le Curé avait besoin de vous, je courrais vite vous avertir ! »

Il est facile de se faire une idée de la piété, du recueillement, de la modestie, de la suave et profonde émotion avec lesquels un enfant animé de dispositions semblables, s'approcha de la table eucharistique.

Alfred n'a jamais consigné par écrit ses impressions d'alors ; et c'est grandement regrettable. Sans doute il eût trouvé de jeunes accents bien émus, pour traduire ses sentiments d'amour et d'action de grâces envers son Dieu. Communion sainte, doux baiser, embrassement ineffable entre Jésus et un enfant si pur, si bon !

« En vérité, rapporte M. le Curé de Gontaud, Alfred éprouva, en ce jour béni de sa première Communion, des joies spirituelles d'un ordre sensible : son visage en était tout rayonnant, angélique ! c'était du ravissement. »

C'est dans ces mêmes sentiments de douce et sincère piété, dans le même recueillement, qu'il reçut, un peu plus tard, le sacrement de Confirmation.

§ V.

Même les plus belles fêtes chrétiennes ont un soir et un lendemain.

Presque au sortir du banquet sacré, Alfred tout entier aux choses du ciel, fut brusquement ramené aux pensées terrestres par sa mère et par son instituteur. C'était l'époque des examens pour l'obtention des certificats d'études primaires.

— Mère, dit Alfred, dispense-moi de subir cette épreuve, je suis tout timide, j'échouerais sûrement ! Alors ce n'est pas la peine ; tu comprends bien ?

— Monsieur l'Instituteur compte sur toi, répliqua la mère ; il a été si aimable, si bon depuis que tu es dans son école, qu'en vérité tu ne peux lui refuser cette marque de reconnaissance. Et j'y tiens aussi moi-même.

— Eh bien ! maman, ce sera pour toi que je me présenterai, et aussi pour M. l'Instituteur ; mais je prendrai l'échec pour moi tout seul !

Le jour de l'épreuve arriva. Si ces petits examens ressemblent à de plus sérieux, ceux-là seuls qui les ont subis en peuvent connaître les poignantes émotions. Je ne sais quels sentiments profonds, intimes, sont mis en jeu, mais l'ébranlement moral est immense, à la seule considération de la possibilité d'un échec. Il y a une voix qui bourdonne aux oreilles : même dans ces luttes pacifiques, un candidat malheureux est un vaincu ! L'amour-propre se raidit sous l'injure : c'est une corde qui se tend et devient prodigieusement sensible. Ce qu'on souffre, en ces moments-là, dans le fond même de sa nature, n'est pas exprimable.

Alfred arriva à Marmande avec quatre de ses camarades, sous la garde de M. l'instituteur. Ils étaient bien tous anxieux, décontenancés même, ces intéressants enfants. C'était la première fois qu'on les produisait ainsi officiellement devant un public inconnu, devant des « Messieurs » comme ils disaient naïvement. Volontiers ils auraient convenu que « ces Messieurs les examinateurs » étaient d'une nature supérieure à celle des hommes ordinaires, et qu'ils leur apparaissaient. dans leurs redingotes noires sévèrement boutonnées, d'une majesté de juges, glaciale et terrifiante. C'est ainsi que pour des enfants tout prend des proportions menaçantes et démesurées.

L'examen écrit eut lieu dans la matinée, avant onze heures. Les noms des admissibles à l'oral, devaient être affichés sur la porte d'entrée, dans l'après-midi.

Nos candidats ne prirent que le temps de faire un modeste déjeuner, et revinrent aussitôt.

— Deux sur cinq ! annonça, avec un ton de désappointement, M. l'instituteur que les enfants avaient envoyé consulter la lamentable affiche.

— Nous étions sûrs de notre échec, firent les trois autres ; et d'un pas plus assuré qu'auparavant ils suivirent leurs deux condisciples heureux, jusque dans la salle des examens, et applaudirent de bon cœur à leur succès final.

— Ecoute, Maman, disait Alfred en rentrant chez lui, le soir : j'en savais, je crois, autant que les autres ; mais je ne suis pas sûr de moi devant tant de monde. Donc ce serait toujours la même chose, je n'irai plus en classe, c'est inutile.

La mère ne se rendit heureusement pas à ce sentiment inspiré par un froissement d'amour-propre, par une petite humiliation, trop fortement sentie. Dès le lendemain, Alfred rentra comme élève surveillé chez M. l'instituteur. Cet échec loin de lui être funeste lui profita grandement. L'enfant travaillait auparavant pour remplir son devoir, et dès lors il commença à travailler pour réussir.

Cependant ses visites au presbytère ne perdaient rien de leur fréquence. Mlle Jacomy avait toujours une friandise à lui mettre sous la dent et lui-même avait toujours, dans la mémoire et sur les lèvres, quelques déclinaisons latines pour M. le Curé.

— Je vais devenir un savant ! disait-il gaiement à sa mère. Tu serais bien fière de me voir, un jour, général, évêque ou préfet.

L'anniversaire de la première Communion revint. Dans l'intervalle de ces deux dates, Alfred était resté ce qu'on l'avait connu pendant qu'il étudiait attentivement son catéchisme, et mettait en pratique les préceptes de la plus aimable charité. Aussi lorsque chacun des nouveaux premiers communiants dut se choisir son parrain, c'est-à-dire celui des premiers communiants de l'année précédente, par qui il désirait être accompagné à la table sainte, toutes les voix se portèrent sur Alfred. A son grand regret il se vit donc obligé d'avoir à désigner lui-même son filleul. Du reste son choix fut vite fixé : il tomba naturellement sur l'enfant que, dans la paroisse, on considérait comme le plus sage après Alfred lui-même. Nous le retrouverons, ce filleul privilégié, célébrant, en un moment douloureusement solennel, les qualités sérieuses et les vertus édifiantes de ce parrain aimé.

Un second anniversaire revint aussi, mais moins gai, celui-là, renouvelant pour Alfred des émotions pénibles dont le souvenir l'avait suivi à travers douze mois d'un labeur constant. Un matin il partit avec d'autres camarades, toujours sous la garde de M. l'instituteur ; et tous débarquèrent à Marmande comme l'année précédente.

— Mon Dieu ! se disait anxieusement

Mme Ladonne, si mon fils allait encore échouer !... Comment oserais-je lui parler d'autres études ?...

Et toute inquiète elle sortit bien avant l'heure, pour voir si son fils n'arrivait pas.

Le dernier train du soir apporta Alfred triomphant.

— Maman, maman cria-t-il, en se jetant dans les bras de sa mère, je veux continuer mes études !

§ VI.

Il fut convenu que rien ne serait changé dans le genre de vie d'Alfred. Il continua donc à fréquenter l'école et le presbytère, mais dès l'arrivée des vacances, il élut domicile, à peu près exclusivement, pour les plus longues heures de ses journées, dans le cabinet de travail et le jardin de M. le Curé.

Le jardin avait naturellement ses préférences. Il est vrai de dire que ce coin de terre est remarquablement attrayant.

Placé à deux ou trois cents mètres de l'église, clos de grilles à claires-voies sur le chemin communal, entouré de grandes haies sur les autres côtés, symétriquement coupé de grandes allées avec de magnifiques treilles sur les bords, égayé sur le devant par des plates-bandes de jolies fleurs, merveilleusement ensoleillé, mais possédant contre les ardeurs du soleil un pavillon bâti avec porte et fenêtres, ce jardin, d'ailleurs fort vaste et couvert d'arbres fruitiers, apparaît comme un séjour de plaisance, comme un petit Eden où, pour la tranquillité des visiteurs, M. le Curé annonce qu'il n'a point planté l'arbre funeste du bien et du mal.

Et dès les premiers jours des vacances de 1887, on voyait M. le Curé de Gontaud et son servant de messe, son élève aussi, venir au matin visiter les fleurs des bords du chemin, cueillir une petite corbeille de fraises, quelquefois râtisser une allée ou relever un cep de vigne. Le soir, on les revoyait encore arroser les plantes désaltérées, secouer, retourner le foin aux senteurs si délicieuses, si pénétrantes, enfin cueillir les fruits que le soleil du jour avait mûris.

Quelquefois aussi, dans les chaudes après-midi, le pavillon frais s'ouvrait pour le vieillard et l'enfant. Alors commençait une leçon de latin ou l'entretien sérieux d'un directeur avec une âme qu'il fallait pousser dans les voies de la perfection. Si la chaleur du jour était trop accablante, des entrailles d'un coffre en bois dissimulé sous les bancs de la salle, M. le Curé tirait une boisson désaltérante. Alfred n'oubliait jamais, en pareille circonstance, qu'il avait été condamné à se servir le dernier et à boire à la santé d'autrui.

« C'est là, sur ce banc où vous êtes, me dit un jour M. l'abbé Jacomy, qu'Alfred m'a dit des choses gaies et des choses sérieuses; c'est là qu'il a été élève. C'est dans ces allées du jardin qu'il courait après un insecte ; cette verdure qui entoure le pavillon, il l'a plantée de ses mains ; ce parterre plein de fleurs, il l'a bien souvent bêché, sarclé, arrosé. C'est là enfin qu'il a vécu comme un enfant des champs, il n'a pas connu des jours plus heureux ! »

Depuis le moment où il était rentré chez sa mère avec son brevet d'études primaires, Alfred était bien décidé à acquérir de plus grandes connaissances. Cependant les vacances touchaient à leur fin, et aucune résolution n'avait été prise dans ce sens.

— Maman, dit un soir Alfred, en rentrant chez lui ; nous avons causé bien sérieusement aujourd'hui, M. le Curé et moi Je veux décidément continuer mes études de latin.

—Eh bien ! fit sa mère, mais cela ne t'empêchera pas de poursuivre aussi l'étude du français avec M. l'instituteur

— Je veux précisément, dit l'enfant, te prouver le contraire.

—Ah ! ah! je comprends, interrompit elle; tu veux cesser tes études ! . Eh bien ! non ! tu rentreras en classe avec tes camarades. .

à moins que tu ne veuilles aller dans une autre école.

—Oui, maman, je voudrais aller dans une autre école; mais auparavant si je pouvais passer une année entière sous la direction de M. le Curé, je gagnerais joliment du temps. Comprends-tu bien? Par exemple, au lieu d'être classé dans la dernière division, je serais admis dans une division déjà avancée.

— Mais comment cela? demanda-t-elle. Penses-tu que M. le curé s'occupera de toi régulièrement, qu'il se fera professeur d'un bout d'année à l'autre?

— Mais c'est lui qui m'en a fait la proposition, objecta l'enfant.

— M. le curé n'est plus assez jeune, répondit elle, pour se donner tant de peine. ....Lui, te faire la classe tous les jours, pendant des heures entières! allons donc! C'était bien bon, en passant, pour te distraire et t'empêcher d'aller vagabonder.

La sonnette du magasin rappela Mme Ladonne à son comptoir, et la conversation ne fut pas reprise.

Le jour de la rentrée des classes, à Gontaud, il fallut pourtant bien que la question fût de nouveau posée et cette fois résolue

— Allons, mon enfant, dit Mme Ladonne, dispose-toi à suivre tes camarades à l'école primaire.

— Petite mère, répondit Alfred, ne me fais donc pas cette peine. Je t'assure que ce serait du temps perdu. Va trouver M. l'instituteur; je n'oserais y aller moi-même. Dis-lui que je l'aime beaucoup, que je lui garde un très vif sentiment de reconnaissance, mais que je ne puis retourner chez lui. Dis-lui encore que j'ai un but nouveau, que je veux faire d'autres études, qu'enfin avec M. le curé j'aurai le grand air si favorable à ma santé, que ces douze mois d'existence un peu moins renfermée me donneront des forces pour mes années de collège. Petite mère, accorde-moi cela. Ne dis pas non, ne dis pas non !

Et, caressant, affectueux, pleurant presque, Alfred embrassait sa mère, lui donnant des petits noms d'amitié, comme pour l'incliner plus sûrement à condescendre à son ardent désir.

— Alfred est un peu fatigué, surexcité même, alla dire Mme Ladonne à M. l'instituteur. Je ne sais pas si vous l'aurez cette année. Il m'a supplié de reprendre ses livres ; il voudrait aller en classe chez M. le curé, apprendre un peu de latin, et rentrer, l'an prochain, dans un collège.

— Quel caprice, fit l'instituteur, ou quelle fantaisie ! Si vous le lancez dans les collèges, il n'a pas encore fini de vous dépenser de l'argent. Croyez-moi, Madame, résistez ; laissez-le se reposer évidemment, puisqu'il est fatigué ; vous verrez que dans quelques jours il demandera lui-même à rentrer dans mon école.

Alfred vit bien que sa mère ne rapportait pas les livres, et il jugea que la cause du latin n'avait pas eu, en M. l'instituteur, un défenseur bien zélé.

Un mois s'écoula sans que Mme Ladonne sût s'arrêter à une décision. Finalement elle voulut bien prendre l'avis de M. le Curé.

Elle confia, un beau matin, la garde de la maison à Alfred et se rendit au presbytère. Quand elle en sortit, quelques instants après, elle passa chez l'instituteur.

— Monsieur, dit-elle au digne maître d'école, je me vois obligée de vous annoncer que mon fils ne rentrera pas chez vous, cette année. Il n'a en tête que son latin : je ne puis pourtant pas m'opposer à ce qu'il prépare son avenir. Il pourrait me reprocher, plus tard, de ne lui avoir pas laissé suivre ses inclinations. Il vous aime certes beaucoup ; mais il n'ose venir lui-même prendre ses livres et cahiers, et vous exprimer ses remerciements : vous avez été bien bon pour lui ! Il viendra vous voir un peu plus tard.

Quand Alfred aperçut ses livres de classe dans le panier aux provisions de la maison, il comprit vite ce qui venait de se passer, et se jetant au cou de sa mère, il l'embrassa longuement, en répétant : « Que tu es bonne, maman, que je suis heureux d'avoir une petite mère si bonne, si bonne ! »

— Tu iras demain, chez M. le Curé, lui

dit-elle, prendre ta première leçon de latin, mais une leçon vraie ! Il ne te faut pas croire que M. le Curé va te laisser amuser toute la journée.

— Oh ! je travaillerai tant qu'il voudra ! répondit l'enfant avec un accent de sincérité.

§ VII.

Les cours de latin s'ouvrirent au presbytère de Gontaud d'une façon sérieuse dès le lendemain. Les leçons étaient longues, les devoirs difficiles ; M. le curé était vraiment un professeur. Malgré ses bonnes dispositions pour un travail laborieux, Alfred faillit faiblir et avouer qu'il lui eût mieux valu rester chez M. l'instituteur. Souvent M. le Curé taxait de paresse ce qui n'était que de l'ignorance et supposait de l'inapplication où se trouvait une véritable difficulté. L'enfant baignait de pleurs les pages de sa grammaire latine ou les textes de thèmes et de versions; mais il s'obstinait à apprendre et à comprendre. Bientôt un encouragement du maître pour une telle ardeur, pour une si louable bonne volonté, ramenait la sérénité sur le visage de l'élève. Des progrès rapides s'accomplirent avec un travail si soutenu Vers les fêtes de Noël, c'est-à-dire après deux mois d'étude et de leçons, l'enfant écrivait de petites phrases latines dont la correction faisait l'orgueil du disciple et du professeur.

Quand vint le premier janvier, Alfred eut quelques jours de congé qu'il passa au Port-Sainte-Marie, chez sa grand'mère maternelle. Puis, ces courtes vacances expirées, comme on voulait le retenir, il invoqua l'intérêt supérieur de ses études, et rentra bien exactement à Gontaud au jour fixé.

Pendant ces journées d hiver, s'il survenait une après-midi pleine de soleil, les heures de récréation se passaient au jardin, comme bien l'on pense, à moins qu'une course forcée de M. le Curé, dans la campagne, n'obligeât Alfred de rester au presbytère, et de renoncer au plaisir de toucher à tout, dans les divers coins du petit paradis terrestre.

L'étude du latin avançait rapidement. Le retour de la saison printanière n'interrompit nullement l'œuvre, toute de dévouement et de patience, entreprise par M. le Curé. Lorsqu'arrivèrent les fêtes de Pâques, pendant lesquelles le travail du disciple subit une suspension forcée, Alfred traduisait déjà une petite version avec facilité, et pouvait faire un thème sur toutes les règles de la syntaxe latine. Aussi, dès la reprise des leçons, M. le Curé jugea le moment venu de faire apprendre à son infatigable élève les éléments de la langue grecque.

— Vraiment, Alfred, lui disait quelques jours plus tard sa mère, ce doit être chose bien ennuyeuse que d'apprendre du latin et du grec.

— Mon Dieu, madame maman, répondit-il, ce doit être chose bien ennuyeuse que de passer ses journées devant un comptoir ! Aussi, chacun son métier. Le grec et le latin, c'est peu de chose. J'ai pourtant une préoccupation, c'est de savoir dans quel établissement tu vas me mettre en pension.

— Où tu voudras, mon enfant.

— Sans doute, mais encore mon choix est-il difficile à faire. D'abord je ne voudrais pas trop m'éloigner de toi, parce que tu es seule. J'avais donc pensé au collège de Marmande, mais il ne me plaît pas du tout. Il me semble que là les élèves sortent trop souvent; je comprends que tu serais inquiète ! Il faudra donc songer à Agen.

— Oh ! mon enfant, fit la mère, Agen, c'est bien loin.

— D'abord, reprit Alfred, avec le chemin de fer, c'est très rapproché. Puis, dans les pensions, là-bas, on est tenu plus sévèrement, les classes sont plus fortes. . et comme il faut savoir bien des choses maintenant... tu comprends ! Je crois même que c'est au Séminaire qu'on fait les meilleures études.

— Mais alors, interrompit-elle, tu voudrais te faire prêtre ?

— Ecoute, maman ; c'est très beau, la carrière du prêtre. Crois-tu que ce n'est pas un grand honneur d'être le représentant du Bon Dieu ? Et comme la vie des prêtres est simple, mais heureuse ! Quand je serai curé, plus tard, plus tard, je te prendrai avec moi, et nous habiterons toujours ensemble ; au lieu que si j'embrassais une autre carrière, je ne pourrais pas rester longtemps près de toi.

— Eh bien ! répondit la mère, tu pourras aller à Agen.

— Au Séminaire ? interrogea vivement l'enfant.

— Au Séminaire, puisque tu le désires.

C'était la femme qui répondait ainsi ; la perspective d'un avenir tranquille, dans un presbytère, toujours auprès d'un enfant qui ne serait jamais qu'à elle, avait séduit son esprit. Mais le cœur de la mère reprit bientôt ses droits et ne tarda guère à manifester ses alarmes.

Un soir, après une journée brûlante, comme ils se promenaient, tous deux, sur la route de Gontaud à Tonneins, Alfred exprimait son bonheur de vivre et surtout de vivre auprès de sa mère.

— C'est pour cela, méchant, que tu veux t'en aller à Agen ? lui dit-elle. Et sais-tu bien combien il te faudra d'années pour achever tes études de séminaire ? Dix ou douze ans au moins. Passer douze ans loin l'un de l'autre ! mais, mon enfant, y penses-tu ?... Et serrant son fils contre elle, Mme Ladonne ajouta en l'embrassant : « Si encore on ne t'aimait pas ! »

— C'est vrai, fit Alfred, douze ans c'est bien long ! mais pense donc qu'il y a des vacances, des vacances de deux mois, sans compter d'autres petits congés dans le courant de l'année scolaire. Allons, n'aie pas de soucis !

— Si tu t'ennuies là bas, ou si je m'ennuie trop ici, je viendrai habiter Agen. Veux-tu ?

— Je voudrais bien, mais ce n'est pas raisonnable. Tu as ton magasin, ta maison, tes petites terres à Gontaud. A Agen, tu ne connaîtrais d'abord personne ; et, aux heures où tu ne me verrais pas, que ferais-tu pour ne pas mourir d'ennui ?

— Oui, oui, je comprends, répondit-elle ; mais enfin tu me donneras exactement de tes nouvelles. Tu sais : ta santé n'est pas très robuste ; tu as été si maladif dans tes premières années ! ça m'inquiètera toujours.

Puis parlant avec son cœur seulement, comme trop de mères, elle ajouta ; « il te faudra ne pas trop travailler ! Et plus tard, ne pas trop prêcher. Eh ! sauras-tu seulement prêcher ? »

— Oh ! va, je m'en tirerai, fit l'enfant Et avec un fin sourire il reprit : Seulement, pour savoir bien quelque chose, il faut d'abord avoir bien travaillé !

— Encore si tu voulais entrer au Collège ! essaya la mère. Mais le séminaire ! c'est bien dur la vie du séminaire ?

— Oh ! tu exagères, répliqua Alfred. Au

séminaire, c'est comme ailleurs, avec cette différence que là on est tenu, on ne sort pas précisément quand on veut.. tu seras plus tranquille !

Combien d'assauts de ce genre eut à subir la vocation d'Alfred ? Plusieurs sans doute. Il en coûtait du reste à Mme Ladonne de se condamner à un isolement absolu ; en outre elle avait de terribles appréhensions qui bien souvent lui faisaient reprendre l'autorisation donnée à Alfred d'entrer au séminaire d'Agen.

§ VIII.

Le temps s'écoulait cependant. M. le Curé exerçait toujours son professorat auprès de son studieux élève.

— Je te présenterai en Cinquième, Alfred,

lui dit-il un jour, après la correction d'une série de bons devoirs. Aujourd'hui même je vais écrire à M. le Supérieur pour le prier d'inscrire ton nom sur la liste des nouveaux élèves.

— Vous me faites inscrire pour la Cinquième ! dit vivement Alfred. Mais il va falloir ne plus perdre un instant, d'ici à la rentrée. Il faudra supprimer mes visites au jardin.

— Supprimer les visites au jardin ! répliqua M. le Curé, mais c'est le contraire ; il faudra y aller plus souvent pour prendre des forces. Vois-tu, petit, avant d'aller t'enfermer entre quatre murs, il te faut faire ample provision de santé et de ce bon air de la campagne, si pur, si fortifiant. Tiens, Alfred, allons-y faire un tour tout de suite. Les fleurs ont dû souffrir de la chaleur, aujourd'hui !...

On était au soir d'une de ces brûlantes journées de juillet. Le maître et l'élève trouvèrent toutes les fleurs penchées tristement sur leurs tiges ; les feuilles elles-mêmes avaient des plissements de sensitive irritée.

— Les pauvres fleurs ! les pauvres plantes ! s'écria Alfred, en saisissant un arrosoir qu'il courut emplir à un réservoir voisin.

— Allons, ranimez-vous, petites feuilles, disait-il, en versant une eau limpide le long des plates-bandes, relevez-donc la tête, fleurs mignonnes !

Après les fleurs, ce furent quelques plantes potagères qui réclamèrent la goutte d'eau vivifiante. M. le Curé aida à la besogne, et au bout d'une demi-heure, on n'avait plus qu'à jouir des haleines fraîchissantes qui descendaient sur la plaine avec la demi-obscurité de la nuit. Alfred s'approcha des parterres : déjà ces petites plantes avaient repris des airs de vie et des attitudes gracieuses

— Il faut bien, dit-il, que, comme tous les soirs, je rapporte aujourd'hui une fleur à maman. Et il détacha une rose.

Comme ils sortaient tous deux du jardin, M. le Curé ferma la porte de la grille, et en remit la clef à l'enfant.

— Ecoute, lui dit-il; je dois m'absenter pendant une huitaine de jours ; garde cette clef et ne laisse rien mourir de sécheresse dans le jardin. Tu pourras même venir faire les thèmes et versions dans le pavillon ; tu y seras plus seul. A revoir petit... » Et il le congédia.

Rentré chez lui, Alfred remit à sa mère la belle rose qu'il avait cueillie pour elle, et lui conta comment, pendant l'espace de huit jours, il allait avoir la garde du beau jardin de M. le Curé.

— C'est une occasion pour moi de le voir, ce superbe jardin, interrompit la mère ; tu me le feras visiter.

— Crois-tu donc, répondit Alfred, que je profiterai de l'absence de M. le Curé pour introduire qui que ce soit dans son jardin ? Non, non. Quand M. le Curé sera là, si tu le désires, je lui demanderai la permission de te le faire parcourir.

— Oh ! oh ! fit-elle vivement ; comme tu es à cheval sur la consigne ou sur les convenances ! Je n'insisterai pas, mon garçon

— Je ne voudrais pas, comprends-tu bien, si quelque chose venait à être endommagé, que l'on pût dire que les personnes introduites par moi sont causes de ces dégâts.

Le lendemain et les jours suivants Alfred rapporta comme toujours à sa mère une fleur, ou une feuille odorante, ou une capsule pleine de graines de ce jardin qu'il tenait si rigoureusement fermé aux curieux

— C'est demain, fit-il au dernier jour de la semaine, c'est demain que rentre M. le Curé. Tu sais, maman, je suis déjà inscrit au séminaire d'Agen parmi les nouveaux élèves. As-tu pensé à préparer mon trousseau ?

—Eh ! mon Dieu, répondit Mme Ladonne, j'ai bien autre chose à penser ! D'abord je vais te laisser étudier ton latin, quinze jours encore ; et puis je t'emmènerai avec moi au Port-Sainte-Marie, où nous avons cette année une abondante récolte de prunes.... Tiens, mais c'est demain dimanche : tu pourrais au moins préparer ton bouquet de fleurs.

— Oh ! oui, maman, c'est juste, répondit Alfred en se dirigeant vers le petit parterre de sa mère.

Ainsi, tous les samedis soir, Alfred composait un bouquet destiné à être déposé le lendemain sur la tombe de son père. C'était une pensée, un souvenir filial auquel il était resté fidèle toujours. La première fois qu'il s'était ainsi rendu au cimetière, chargé d'une petite corbeille de fleurs, il avait obstinément refusé de se faire accompagner par sa mère. Plusieurs fois depuis, il lui avait répété, tandis qu'elle insistait pour le suivre :

— Non, maman, ne viens pas avec moi. Prends les fleurs, si tu le veux, et va la première ; moi j'irai ensuite.

Il s'y rendait en effet fidèlement, déposait son bouquet, récitait une prière pour le cher disparu, et rentrait vite et directement chez lui. On eût dit qu'il avait du séjour des morts une répulsion instinctive, ou plutôt qu'il évitait toute occasion, tout motif d'y demeurer de longs instants. Ce n'était certes pas de la peur : Alfred ne subissait guère ce sentiment ; le fait suivant en fait foi.

Un soir sa mère l'avait envoyé cueillir quelques fruits dans un de ses champs, à quelque distance de Gontaud. Pour abréger son chemin, Alfred n'hésita point à passer devant le cimetière. Il arrivait devant le grand portail, et traçait sur lui le signe de la croix, lorsque un bruit soudain, dans lequel il crut distinguer un son de voix articulée, se produisit à quelques pas de lui. Précipitamment il porta la main à son cœur dont une émotion trop vive venait de suspendre les battements, et, sans détourner la tête, hâta un peu sa marche. « C'est le vent, pensa-t-il, qui secouait les cyprès ou le portail. . cependant l'air est presque immobile ! . . je verrai bien au retour ! »

Sur le point de rentrer chez lui, après avoir rempli son panier de fruits mûrs, il hésita un moment et se demanda quel chemin il allait prendre. « Bah ! se dit-il bientôt, pourquoi allonger inutilement ma course ! » Et il reprit la même route. Parvenu devant le portail du cimetière, il jeta un regard furtif sur les tombes, et écouta bien attentivement; puis il pressa le pas : il n'avait rien entendu d'extraordinaire, ni perçu aucun bruit nouveau. Quand il arriva chez sa mère; il raconta son émotion d'un instant. Il faisait déjà nuit noire.

Peu d'enfants de treize ans auraient eu le courage de reprendre, en la circonstance, le chemin le plus court. C'est qu'Alfred avait en raison, en élévation de caractère et en énergie de volonté, une supériorité incontestable sur les enfants de son âge. Les luttes qu'il soutint avec sa mère pour sa vocation ecclésiastique l'attestent du reste pleinement.

§ IX.

A mesure que les jours s'écoulaient, Mme Ladonne se reprochait plus vivement d'avoir cédé aux désirs de son fils. « Il va partir, pensait-elle ; qui donc veillera sur lui là-bas avec des sollicitudes maternelles ? Mon Dieu ! s'il allait tomber malade si loin de moi ! Et quelles ne seront pas ici mes inquiétudes de tous les instants ! . Eh bien ! non ; il ne partira pas. Je vais l'emmener avec moi au Port-Sainte-Marie, c'est lui qui alimentera les fourneaux de nos étuves, qui retournera les fruits sur leurs claies, qui tiendra les comptes de la vente. Il va s'éprendre du métier de propriétaire, et il ne parlera plus de ses fastidieuses études de latin et de grec . »

— Nous partons ce soir, Alfred, fit-elle. Grand'mère nous attend pour commencer la récolte. N'est-il pas vrai que tu vas joliment te distraire ? Tu feras acte de maître de maison. Evidemment c'est plus ton rôle que le mien désormais : tu es grand comme un homme.

— Tu me permettras pourtant bien d'emporter mes livres de latin et de grec, répondit Alfred. Je profiterai de mes moments de loisir pour étudier un peu.

A cette réponse, aussi significative qu'inattendue, la mère eut un geste de désappointement, et sentit bien qu'elle était vaincue. Ils partirent le soir même.

Alfred fut très gai pendant ces jours de travail manuel. Avec un soin extrême il notait les journées consacrées à la récolte, celles employées à la préparation des fruits, le prix de la vente, la déduction des frais et il présentait à sa mère et à sa grand'mère des comptes d'une netteté et d'une exactitude admirable.

— Oh! faisait-il parfois, je ne savais pas que ce champ fût à toi, marraine. (Marraine était le nom qu'il donnait toujours à sa grand'mère maternelle.)

— Et cet autre coin de terre, t'appartient-il aussi, marraine ?

— Mais oui, mon Alfred.

— Alors tout cela me reviendra plus tard ?

— Certainement, mon Alfred, répondait sa grand'mère.

— Avec la petite propriété de Gontaud, ajoutait Mme Ladonne

— Oh! je vous dirigerai bien tout cela,

disait Alfred; je m'en occuperai sérieusement.

—« Mon Dieu, mon Dieu, pensait sa mère, ne dirait-on pas qu'il s'intéresse vraiment à son nouveau métier de propriétaire ? S'il pouvait ne plus songer à son latin et à son grec.

— Allons, je vous quitte, faisait un instant après Alfred; j'ai pourtant besoin d'étudier quelques leçons. M le curé m a fait inscrire pour la cinquième, et je sens bien que je ne suis pas de force à suivre ce cours

Les deux femmes se regardaient émues, stupéfaites avec des larmes dans les yeux, et Alfred s'éloignait.

— Il n'y a plus à résister, se disait Mme Ladonne avec le sentiment attristé d'une mère vaincue par la volonté énergique et comme immuable de son enfant.

Et cependant elle lutta encore avec les dernières forces que donne le sentiment même de l'inutilité des efforts, avec cette force d'inertie contre laquelle viennent souvent se butter et s'amolir les plus viriles volontés.

Ils rentrèrent à Gontaud. Comme les vacances touchaient à leur fin, Alfred demanda, peut-être pour la centième fois, où l'on en était de son trousseau. Jusque-là les réponses avaient été évasives.

— Ton trousseau ? répondit cette fois la mère, je ne m'en suis pas encore occupée.

— Oh ! maman ! s'écria l'enfant avec un accent de vive contrariété. Et il n'y a plus que huit jours ! décidément mon trousseau ne sera pas prêt ! ..

— Eh bien ! reprit-elle, tu resteras !

— Non, par exemple, fit-il vivement ; il faut que j'y aille !... Allons, petite mère, sois donc raisonnable. Mais je l'ai bien enfin cette permission de partir ; tu me l'as bien donnée, l'autorisation d'entrer au Séminaire. Pourquoi donc maintenant ces hésitations ou ces refus, au dernier moment? Sois donc bonne, maman, prépare-moi mon trousseau !

Cette fois Mme Ladonne s'avoua que la lutte était inégale, et qu'elle essayerait en vain de la prolonger. Elle, veuve et mère, n'avait que son cœur pour résister ; un cœur déjà brisé par un deuil douloureux, et affaibli par ces inutiles résistances de tous les jours. Lui, l'enfant, tendait de toutes ses énergies, vers un but longtemps cherché, ardemment poursuivi, prochain maintenant et qui l'attirait d'une façon irrésistible. Elle céda.

§ X.

Le 14 octobre au soir, veille de la rentrée au Petit-Séminaire, le trousseau était prêt, et les malles bien garnies, toutes bouclées, n'avaient plus qu'à passer sur la voiture du courrier de Gontaud, et de là aux fourgons de transport.

— Maman, dit l'enfant, tu vois, j'ai pris mon habit neuf, parce que M. le Curé veut me voir aujourd'hui en costume de Séminariste.

M. le Curé témoigna de son contentement de voir, sous ce nouvel habit, son jeune et intéressant élève. Il fut décidé que lui-même accompagnerait Alfred, le lendemain, pour le présenter à M. le Supérieur.

— Je vous remercie bien M. le Curé, dit alors Mme Ladonne, de vouloir bien vous charger de conduire Alfred à Agen ; si je l'accompagnais moi-même, je serai capable de le ramener, demain soir, pour peu qu'il s'ennuyât là-bas.

La nuit était venue, Mme Ladonne et son fils s'assirent pour prendre leur dernier repas en commun. Alfred, en qui les joies de son rêve accompli ne laissaient point mo-mentanément de place aux regrets de la séparation, cherchait à égayer sa mère. Domi-panant sa douleur, elle voulut, elle aussi, paraître gaie, mais bientôt les larmes inondèrent son visage qui essayait de sourire.

— Eh ! mon Dieu, bonne mère, fit Alfred ; Agen est-il le bout du monde ? Mais songe donc que je ne serai qu'à quelques pas de toi...

Un instant après, changeant de ton, et de sa voix la plus douce, il dit à sa mère : « J'ai quelque chose à te demander. »

— Eh ! quoi donc ? fit-elle toute surprise.

— Ecoute, maman, reprit-il. Tu as pour ton épicerie une assez bonne et assez nombreuse clientèle. Tu as cru devoir te charger aussi d'un petit commerce de vin, ce qui te fournit quelques bénéfices supplémentaires. Seulement, ce trafic t'oblige à recevoir toute sorte de monde, et parfois des personnes qu'il ne te plairait pas de voir rentrer chez toi. Mère, ne vends plus de vin ! Veux-tu me promettre cela ? Comme tu me ferais plaisir de me le promettre !

— Je te le promets, mon enfant.

— Et puis, le soir, ferme bien les portes devant, derrière .. Tu sais, je ne serai plus là. .

« Oh ! oui, tu ne seras plus là », fit la mère avec un douloureux serrement de cœur. Et quand le jour reparut, elle se répétait encore : « Alfred ne sera plus là. »

Lui, l'enfant, avait mal dormi ; le souvenir de ce qu'il allait quitter, les images mal définies ou fantastiques de ce qu'il allait trouver, la surexcitation de ses nerfs, tout cela l'avait tenu éveillé. Et tout doucement, lorsqu'il avait aperçu les lueurs du jour, il s'était levé, avait allumé dans l'âtre une brassée de sarments, il avait mis chauffer un grand bol de lait crêmeux, pour faire une bonne surprise à sa mère, la dernière qu'il pût lui faire, avant de la quitter seule, attristée, tout en pleurs.

Cependant il n'était plus gai comme la veille, comme les jours précédents. A une heure encore matinale, il fit une visite au champ attenant à la maison ; mais en passant près des parterres, il crut voir que les fleurs ouvraient, pour le regarder une dernière fois, leurs calices ou leurs corolles toutes perlées de gouttes de rosée ; et ces gouttes de rosée ressemblaient à des larmes. Une branche de pommier, inclinée encore sous le poids de ses fruits, le frôla au visage de l'extrémité de ses feuilles ; et Alfred en reçut la sensation d'une caresse souverainement triste. Un peu plus loin. il ne put parvenir jusqu'au petit bassin, où, par les soirs d'été, il avait parlé aux étoiles du miroir limpide : l'herbe était haute et mouillée encore des humides fraîcheurs de la nuit. Emu troublé, Alfred redescendit l'allée de son jardin et rentra dans sa chambre. Mais ces fleurs entr'ouvertes, ce feuillage caressant, ce gazon monté et plein de rosée lui avaient pris toute sa gaieté.

Çà et là les fenêtres s'ouvraient à tous les étages des maisons de Gontaud, et les enfants commençaient à courir dans la rue. Alfred alla saluer les voisins qui l'aimaient et le voyaient partir avec peine

— Tu vas nous manquer dans le quartier, lui dit-on.

— Une fois dans ma vie, lui déclara une vieille dame, je suis allée à Agen... Je crus que jamais je n'arriverais. . C'est très loin .. c'est très grand.. tu vas t'y perdre !

— Ta mère va être bien seule, lui dit une autre personne. Es-tu bien sûr qu'elle se fera à son isolement ?. . .

— Je ne pensais pourtant pas, lui dit un de ses camarades de jeux, que tu nous quitterais jamais.

Alfred sentit que des regrets l'envahissaient et qu'il allait pleurer. Ces mots d'adieu lui prenaient son courage, comme les fleurs du parterre lui avaient pris sa gaieté.

Il se secoua vigoureusement en entrant chez lui, passa la main sur ses paupières comme pour refouler les larmes, et aborda sa mère en souriant. Mais son sourire n'éclairait pas son visage d'un rayon de joie vive et sereine.

— Oh! je le vois bien, lui dit sa mère en l'attirant sur son cœur; Alfred, tu as du chagrin à partir !. .. Voudrais-tu retarder ton départ jusqu'à ce soir? .. Veux-tu même... veux-tu rester ?....

— Non, maman, oh non ! répondit Alfred d'une voix qui tremblait d'émotion. J'ai bien du regret à te laisser.... Comme tu vas pleurer ici toute seule !.... Mais je dois m'en aller.... il me serait impossible de faire mes études à Gontaud.... autrement , petite mère, jamais je n'aurais pu m'éloigner de toi.... tu le sais bien !

Et la mère et l'enfant confondirent leurs larmes et leurs baisers.

— Oh ! j'aurais tant voulu ne pas pleurer ! fit bientôt Alfred en essuyant ses yeux tout gros de pleurs. Et il s'assit pour prendre son déjeuner.

— Que désires-tu donc, mon enfant ? lui demanda sa mère en plaçant devant lui toutes les sucreries, tous les gâteaux, toutes les douceurs que pouvaient recéler les armoires de la modeste salle à manger.

— Oh ! je n'ai pas grand'faim, répondit Alfred, et il mangea très peu.

— Tu m'écriras souvent, souvent, reprit Mme Ladonne ; tu me donneras exactement des nouvelles de ta santé ; tu m'annonceras si tes professeurs sont bons, si les récréations sont assez longues, si le travail n'est pas trop pénible...

— Oui, oui, petite mère, interompit l'enfant ; et me répondras-tu régulièrement ? Me diras-tu si tu ne t'ennuies pas trop toute seule ? si tu n'es pas malade ?...

— Oui, oui, très régulièrement ! murmura Mme Ladonne, dont les yeux s'emplirent à nouveau d'abondantes larmes.

Il était sept heures du matin, l'omnibus de la gare s'arrêta devant la maison.

Ce fut un moment de pénible séparation ; mais la présence de M. le Curé fit retrouver à l'enfant un peu d'énergie.

Il embrassa longuement sa mère, murmura à son oreille quelques paroles de filiale affection et d'encouragement; puis s'arrachant aux étreintes maternelles :

— Adieu, maman, dit-il, d'une voix où tremblait encore l'émotion la plus profonde, adieu... oui, tu viendras me voir à Agen... adieu ! petite mère, à revoir !... à revoir !

La voiture, qui emportait le prêtre et l'enfant, disparaissait déjà dans la direction de la gare, que la main de l'enfant s'agitait encore en signe d'adieu, et que son cœur et ses lèvres répétaient toujours : Adieu, maman; à revoir, petite mère, à revoir !

Une demi-heure plus tard, d'une portière du train en marche, Alfred saluait sa petite patrie qu'il devinait plutôt qu'il ne voyait, au pied des collines, dans l'auréole resplendissante du soleil à peine sur l'horizon. Les oiseaux chantaient encore leur chanson matinale, et les regards se reposaient avec complaisance sur les teintes roses, jaunissantes, des bouquets d'arbres sur les coteaux environnants, en cette saison automnale.

CHAPITRE III.

LE SÉMINAIRE.

§ Ier.

Deux rangs de bâtiments juxtaposés comme les branches d'une équerre ou les bras d'un compas ouvert à angle droit; l'un à l'aspect moderne, allongé, avec des retraits de façade, sur la rue Montesquieu qui fut rue Porteneuve; l'autre peut-être plus imposant, enfumé comme une Sorbonne d'âge respectable, et jeté sur une ligne légèrement ondulée le long de la rue Saint-François; le tout masse lourde, sans style, mais vaste, placée presque au centre de la ville: voilà le Séminaire d'Agen vu du dehors. Presque au point de jonction des deux corps de bâtiments, mais tout entière sur l'aile de la rue Montesquieu, se dresse une tour, d'un carré oblong, relativement haute, percée de fenêtres croisillées ni plus ni moins qu'une tour de château féodal.

A l'intérieur du Séminaire, l'aspect est tout autre, le regard est flatté par la régularité des lignes de l'édifice, et par ses proportions considérables. La cour fort vaste est ombragée de grands et beaux arbres. Et toujours là-haut la vieille et colossale tour dominant tout, comme l'ombre d'un génie protecteur, comme un gardien vigilant.

C'est dans ces murs, qui ont vu des siècles naître et finir, que plusieurs générations de prêtres ont passé leurs jeunes ans dans la prière et l'étude.

C'est là aussi qu'un jour on m'amena moi-même du fond de ma campagne. Il me semble que c'est d'hier ; et cependant j'ai vu depuis quatorze étés.

Celui qui présidait alors aux destinées du Séminaire, avait pour tous ses jeunes séminaristes des bontés de père. C'était presque un vieillard, d'une exquise correction de ton et de manières, sa tête auguste était nimbée de cheveux blancs ; et il y avait dans ses traits, dans toute sa personne, un reflet, et comme une marque de parfaite distinction. Austère pour lui-même, mais doux, paternel, facile aux élèves laborieux et d'irréprochable conduite, il inspirait naturellement à tous ses enfants la confiance, l'amour, en même temps qu'une crainte des plus salutaires.

Et quand il est parti, ouvrier fatigué sur le sillon ouvert, un autre prêtre a pris sa place, héritier de son zèle, de son dévouement, de ses vertus. Ainsi, comme leurs devanciers, les séminaristes d'aujourd'hui retrouveront, au fond de leurs cœurs, après des années écoulées, l'image aimée, le souvenir vivant d'une auguste figure de prêtre qui se sera penché avec sollicitude et paternelle affection sur le berceau de leur vocation sacerdotale.

D'autres enfants ont, en effet, remplacé ceux des jours passés; mais si les visages du tableau sont tous changés, le cadre reste bien le même. C'est toujours dans les mêmes salles que les élèves se rangent autour de leurs professeurs, les arbres de la cour sont si vieux qu'ils ont à peine grandi ; dans la chapelle, de sa niche élevée, la Vierge Mère sourit toujours, du même virginal et maternel sourire, aux enfants qui s'agenouillent devant le tabernacle de son divin Fils. Aujourd'hui, comme il y a dix ans, comme il y a vingt ans, les yeux des élèves interrogent avec curiosité les murs vieillis du Séminaire, et semblent demander à ces témoins d'autres temps quelques échos du passé. L'homme est ainsi fait, il veut connaître particulièrement les êtres ou les choses mis avec lui en contact fréquent ou quotidien.

Il y a quelques années M. le Supérieur satisfit ces légitimes curiosités. Après de longues recherches, il parvint à établir l'historique du Séminaire, et, dans une solennelle distribution des prix, il en fit la lecture écoutée avec avidité, applaudie avec enthousiasme.

Et les élèves apprirent que, vers l'an 1630,

une vieille dame fit donation de la tour et de quelques bâtiments adjacents, à une Communauté de religieuses de la Visitation.

Ces saintes filles de Saint-François de Salles, y vécurent d'abord un peu à l'étroit ; puis d'autres donations succédant peut-être aux premières, Mascaron, alors évêque d'Agen, put leur faire bâtir la partie le plus élégamment et le plus solidement construite, qui s'étend du pied de cette tour, gentiment baptisée du nom de Mirande, jusqu'au réfectoire actuel. Les cloîtres furent construits à cette même époque. C'est une voûte sans style, établie sur une longueur de cent mètres, le long des deux corps de bâtiments, appuyée au mur, par arrière, et portée en avant par vingt-quatre gros piliers, carrés de forme et simplement ornés d'une petite corniche de pierre, en guise de chapiteau, à la naissance des arcades.

Les premiers grondements de la grande tourmente révolutionnaire troublèrent les paisibles et religieux silences de ce couvent. Bientôt chassées, poursuivies peut-être, les saintes recluses se dispersèrent sur le sol de cette patrie que bouleversaient de terribles secousses sociales. Leur sang coula-t-il sur les échafauds fratricides et égalitaires ? Peut-être. L'une d'elles cependant, Mlle de Redon, réussit à échapper aux fureurs de la Révolution. Sous le costume d'une modeste dame de la bourgeoisie, pauvrement logée dans un appartement d'une rue voisine, de sa fenêtre ouverte, elle prenait encore un plaisir véritable, quoique mêlé d'une bien amère tristesse, à contempler les murs de ce couvent d'où la malice de ses concitoyens la tenait exilée. Avec quelle joie elle vit se lever sur la France des jours meilleurs.

Le gouvernement impérial restitua à Mgr Jacoupy le couvent des religieuses de Saint-François ; mais le pieux évêque en changea la destination. C'est là que furent installés les rares éléments du Grand et du Petit-Séminaire. Un peu plus tard, en 1817, les bâtiments du Grand-Séminaire, tranformés en caserne pendant les mauvais jours, furent aussi rendus à l'administration diocésaine; et il ne resta plus dans l'ancien couvent de la Visitation que les élèves de latin et de grec.

Pendant plusieurs années encore, dans les grands corridors, le long des cloîtres, sous les ombrages de la cour, on apercevait errante, égrenant son rosaire à gros grains, une petite vieille dame, silencieuse, recueillie, ou parfois causant non sans agrément et esprit caustique avec les maîtres de la maison et M. de Favry, vicaire général : c'était Mlle de Redon, qui revenait prier, méditer, se promener dans son couvent, sur lequel elle pensait bien avoir toujours des droits de propriétaire. Sans doute elle y vient encore, mais c'est d'une façon moins gênante.

§ II.

Alfred avait été silencieux, dominé par l'émotion, pendant son voyage de Gontaud à Agen.

— Quel grand et beau jeune homme vous m'amenez là, M. le Curé s'écria M. le Supérieur du Petit-Séminaire en voyant entrer, dans son cabinet de réception, M. l'abbé Jacomy et son cher élève.

Et après les salutations d'usage, s'adressant à Alfred :

— Quel âge avez-vous donc, mon enfant, ajouta M. le Supérieur ; je l'ai un peu oublié !

— Quatorze ans, M. le Supérieur, répondit Alfred timidement.

— Vous en avez seize au moins, répliqua M. le Supérieur, ou même dis-sept de taille et, ce semble de force et de santé ! Avec une telle constitution on doit bien supporter le travail. Je suis persuadé du reste que votre piété et votre application vont justifier de tout point, aux yeux de tous vos maîtres, l'éloge que M. votre excellent Curé m'a fait de vous.

Suivirent quelques conseils pratiques pour la conduite à garder pendant les premiers jours de Séminaire. « En deux mots, ajouta M. le Supérieur, faire toute chose en son temps, dormir au dortoir, manger et boire au réfectoire, ne vaquer à la chapelle qu'aux exercices religieux, travailler à l'étude et ne parler qu'en récréation, voilà toute la règle. Le reste, mon petit ami, le détail des choses, vous sera donné par l'explication du règlement, dans quelques jours !....

M. le Curé de Gontaud et Alfred prirent congé de M. le Supérieur dont les secondes étaient comptées, ce jour-là, et se rendirent directement chez le M. le préfet des classes. Là encore, Alfred rencontra un accueil plein d'affectueuse bienveillance.

« Décidément, pensait-il, comme ces Messieurs ressemblent peu à mes examinateurs de Marmande ! » Et il en témoigna toute sa joie à M. l'abbé Jacomy.

Un moment après Alfred était mêlé au groupe de ses nouveaux camarades, que les trains du matin avaient débarqués, du fond des campagnes les plus reculées, dans le chef-lieu du diocèse et du département.

« Le jour de la rentrée, vers midi, écrivit plus tard un de ses condisciples, une quinzaine d'élèves, tant anciens que nouveaux, entrèrent au réfectoire, quoique la plupart n'eussent pas grand'faim. Il me souvient que je me trouvai, à table, près d'un nouveau condisciple, à la figure aimable et timide, qui me plut au premier aspect.

Ne connaissant personne, il n'osait lier conversation avec aucun de nous, et écoutait, sans mot dire, les intarissables bavardages de quelques séminaristes des plus petits, qui n'avaient certes pas laissé leur langue chez eux.

Je lui parlai le premier, l'interrogeant gentiment, pour l'enhardir, sur son pays, sur ses précédentes études ; je lui demandai aussi s'il n'avait pas quitté sa famille avec peine. Il répondit à toutes mes questions avec une simplicité et une réflexion qui m'étonnèrent. Il me dit qu'il s'appelait Alfred Ladonne ; et les autres, le voyant converser à part avec moi, voulurent aussi faire sa connaissance. Ses réponses aimables produisirent sur eux le même effet que sur moi : et ses paroles sensées et réfléchies firent taire les plus babillards. Ladonne devint vite familier avec nous tous, et raconta ses émotions au moment de quitter sa mère.

Après le repas il se promena avec nous, et nous demanda des renseignements sur le règlement de la maison, sur les classes, et en particulier sur la cinquième.

Bref, lorsqu'il nous quitta, pour aller faire quelques visites avec son curé, nous parlâmes longuement de lui ; nous avions trouvé un bon condisciple et un ami. »

Telle est, textuellement rapportée, la première et heureuse impression produite par Alfred sur quelques-uns de ses condisciples. Lorsque, le soir, tous, anciens et nouveaux, se trouvèrent réunis dans la cour à l'heure réglementaire, Alfred ne fut que peu ou même point remarqué : La plus belle unité disparaît, et se perd dans un nombre considérable. Ce n'est qu'un peu plus tard, quand tombèrent les joies et les enthousiasmes de tant de condisciples et d'amis, se retrouvant après deux mois et demi de séparation, que la physionomie de l'enfant de Gontaud se détacha bien sensiblement pour tous, toujours souriante, inaltérable de douceurs, tout ouverte et franche. Mais ce soir là, il erra, comme plusieurs des nouveaux venus, d'un groupe à l'autre, entendant ici un franc éclat de rire, témoin un peu plus loin de grandes et bruyantes démonstrations de joies méridionales, constatant partout un mouvement, un entrain, une vie débordante, et d'ailleurs un accueil sympathique ou du moins charitable.

C'est à ce moment-là que je l'aperçus, pour ne le revoir que le lendemain, pendant la visite officielle de mes nouveaux élèves.

Ce 16 octobre, à onze heures du matin, fut donnée, selon l'usage presque antique et toujours solennel, lecture du règlement et des articles disciplinaires additionnels, que les élèves, par réminiscence historique, et peut-être par comparaison malicieuse, ont appelés « Articles Organiques. »

Celui des paragraphes du règlement qui produit le plus de sensation sur la jeune assistance est certainement le XIXe.

Tous les Supérieurs qui en ont fait la lecture publique s'y sont pris à deux fois pour l'énoncer. D'abord, c'est ce commencement de phrase qui a l'air de se terminer toujours par un gros point de repos : « *Le silence est ordonné aux élèves toute la journée !...* » Peut être, après ces mots, y a-t-il dans le texte, en petite note au lecteur : « Ici on fait une pause. » Et alors les pauvres nouveaux se regardent avec des grands yeux pleins d'étonnement et de frayeur, et plus d'un mot expire sur leurs lèvres. Lorsque l'effet a été produit, M. le Supérieur reprend d'un seul trait : « *Le silence est ordonné aux élèves toute la journée, hors le temps et le lieu des récréations !* »

Avant de lever la séance, M. le Supérieur annonce pour la soirée la promenade, ou plutôt le pèlerinage de la communauté à N.-D. de Bon-Encontre, toujours pour se conformer aux traditions de la maison.

Comme pour donner aux élèves l'occasion de pratiquer d'enthousiasme le règlement dans ce qu'il a de plus acceptable, une récréation en suit la solennelle lecture. Immédiatement, sur leurs interrogations les nouveaux sont initiés à l'histoire du Séminaire. Alfred comme les autres dut écouter, avec une foi plus ou moins facile. les détails historiques et autres que ne manquent pas de donner à leurs naïfs camarades, les anciens de la maison. d'ordinaire quelques rhétoriciens en train de se former déjà à l'art oratoire.

« Ecoutez, disent-ils ; vers 1808 fut installé ici un premier Supérieur, M. l'abbé Tailhé. Certes il n'avait pas beaucoup d'élèves, parce que c'est par un commencement qu'il faut tout commencer. Il agit cependant comme s'il en avait eu beaucoup. Au lendemain de la première rentrée de ses séminaristes, il accomplit avec eux le pieux pèlerinage de N.-D. de Bon-Encontre. A la place de la basilique actuelle, s'élevait alors modestement, ou plutôt tombait pierre par pierre, une pauvre, très pauvre église n'ayant pour tout trésor qu'une statuette miraculeuse. Eh bien! c'est dans cette pauvre, très pauvre église que se rendit dévotement M. l'abbé Tailhé avec sa petite communauté. Devant la statue miraculeuse, sur un plateau d'argent, il déposa les clefs de son Séminaire, et il lut d'une voix émue la consécration qu'il faisait à la Vierge Sainte de son établissement naissant. Bien touchante dut être cette religieuse cérémonie! Plusieurs fois dans l'année, on revint aux pieds de la Madone solliciter sa protection; si bien que devenus prêtres, ces petits séminaristes d'autrefois, gagnés par M. Tailhé à la dévotion envers N.-D. de Bon-Encontre, en répandirent le culte dans les campagnes et dans la ville d'Agen, où il était tombé en oubli. Ce fut la résurrection des pèlerinages vers ce lieu béni, ce fut aussi le point de départ et de naissance de cette superbe construction de cette riche basilique qui s'élève aujourd'hui au sein de l'humble village. En mémoire de ce premier acte de consécration, tous les ans, au lendemain de la rentrée, le Séminaire accomplit son traditionnel pèlerinage, et sollicite la protection de Marie pour l'année scolaire qui s'ouvre. »

Jusque-là tout est bien dans le cadre historique parce qu'il est des choses qu'on ne dénature point. Mais, quand gaiement éparpillés le soir sur la route d'Agen au vénéré sanctuaire, jouissant tout à nouveau de l'air des champs, presque libres, les vétérans du Séminaire aperçoivent sur la colline de Bon-Encontre la colossale statue de la Vierge, une statue en pierre qui ne mesure pas moins de 12 à 15 mètres avec son massif piédestal, oh! alors plus d'historiens, tous gascons! tous conteurs à rendre des points aux Marseillais qui ne sont, après tout, que des Gascons plus modernes. J'en ai vu de ces conteurs des bords de la Garonne, prendre en ce moment une physionomie toute pensive, et dire du ton le plus naturel et le plus simple :

— Oh! comme il dut prendre de la peine, ce bon M. Tailhé !

— Comment donc? interroge toujours quelqu'un.

— Eh bien ! pour monter là-haut cette statue ! répond notre Gascon.

— C'est une plaisanterie ! fait alors un nouveau.

— Une plaisanterie ! reprend l'autre vivement. Vous n'auriez pas ainsi parlé, si vous aviez été à la place de ce pauvre Supérieur ! Imaginez-vous qu'il accomplissait un vœu. Il faillit bien ne pouvoir le remplir jusqu'au bout. Il marchait seul sous ce lourd fardeau, car c'était un homme d'une force de géant ; néanmoins, à mi côte, il fallut qu'un de ses professeurs appuyât un peu de l'épaule ; le pauvre Supérieur ne pouvait plus aller.

— Et vous n'avez pas fait le vœu, interrompit Alfred, de redescendre seul jusqu'à la plaine, cette statue avec son piédestal ?

— Bon ! reprit le narrateur, il paraît qu'ils ont la foi difficile, les nouveaux, cette année-ci.

Et les plaisanteries se succédèrent au grand ébaudissement des uns, tandis que les autres esquissaient des sourires sceptiques. En fait de tracasseries, c'est tout ce que les nouveaux ont à subir. Est-ce assez peu méchant ? Assez agréable même ? Combien de collégiens, de jeunes lycéens, combien d'élèves des écoles militaires surtout, accepteraient de n'être tracassés, brimés que par des vétérans séminaristes ! Heureux les enfants, heureux les jeunes gens dont l'esprit, aux heures de délassement, ne se fait une habitude que des distractions gaies et inoffensives, d'où sont bannis ces sentiments trop naturels de dureté, d'égoïsme qui ont fait dire à notre fabuliste : « Cet âge est sans pitié. » N'ayant jamais volontairement imposé à leurs camarades une souffrance morale ou physique, ils restent sensibles de cœur, pleins de délicatesse et de gaieté affable. C'est assurément de ces habitudes que naissent et que s'alimentent la bienveillance, la concorde, la charité et déjà le dévouement aux souffrances et aux misères d'autrui, vertu essentiellement chrétienne qui n'est que l'habitude de la charité, la charité elle-même dans un degré héroïque.

Mais déjà la communauté arrivait à la

basilique. Le silence se fit dans les rangs et dévotement chacun vint prendre place dans les bancs les plus rapprochés du sanctuaire.

C'est avec un grand esprit de foi, avec une confiance vraiment filiale, qu'en ce moment ces jeunes séminaristes mirent, sous la protection de Marie, leur année scolaire, leurs vocations, leurs âmes, leurs corps. Puis Jésus lui-même quitta son tabernacle pour les bénir tous, et ils reprirent avec joie le chemin de leur séminaire, emportant l'assurance que là, dans cette nouvelle maison où leurs mères de la terre ne viennent point prodiguer des soins, une mère céleste ouvre constamment sur eux un regard maternel et protecteur.

§ III.

Le 17 octobre était jour d'examen. Alfred se présenta devant ses examinateurs avec un maintien modeste mais toujours un peu timide. Ses réponses furent jugées satisfaisantes et il obtint en moyenne la note *assez bien.*

Après cette journée d'examen, journée certes bien remplie, pendant laquelle montait de tous les côtés un bourdonnement incessant, confus, de français, de latin, de grec, d'allemand, de bâtons de craie traçant des chiffres au tableau noir, de livres qui tombent, de grosses voix d'examinateurs en colère, et de rires bruyants accueillant les réponses particulièrement intéressantes, tout à coup les occupations scolaires cessèrent. Lentement, dans le plus grand silence, la communauté se rendit à la chapelle, pour entendre le premier sermon d'une retraite de trois ou quatre jours à peine. Depuis sa première communion, c'était la seule occasion, qui s'était présentée pour Alfred de se remettre aussi sérieusement en face de sa conscience et de son Dieu. Avec quel recueillement et quelle piété édifiante il prit part aux nombreux et saints exercices de ces quelques jours ! Il traduisit même alors, et confia à ses cahiers les impressions, les pensées pieuses de son âme émue.

« Mon Dieu, écrivait-il, je vous remercie de m'avoir ménagé ces heures de méditation et ces paroles de salut, aux premiers jours de mon Séminaire... Fortifiez-moi bien, Seigneur, dans ma vocation sacerdotale ! »

Le prédicateur avait cité l'exemple d'un séminariste, déserteur de la foi chrétienne, et mourant dans l'impénitence finale. « Oh non, mon Dieu, écrivait encore Alfred, ne permettez pas que je m'écarte jamais de vous. Tous les malheurs possibles, plutôt que de devenir traître au Jésus de ma première communion et de mon Séminaire ! »

Comment exprimer avec quels sentiments de foi, d amour, de reconnaissance, le jour de la clôture de la retraite, il vint communier au Dieu qui réjouissait sa jeunesse ? Ame pure et droite, qu'apparemment aucun funeste orage n'avait encore troublée, cœur vraiment ouvert du côté du ciel, Alfred apportait déjà au service de Dieu une ardeur, une sincérité, qu'on aime à trouver, dans ce même degré, chez les plus anciens du séminaire. Obéissant à un élan de générosité toute pieuse, il sollicita de son confesseur l'autorisation de la communion hebdomadaire, au jour du dimanche ; puis il se fit inscrire dans la ligue du Sacré-Cœur, et accepta joyeusement l'obligation d'une seconde communion, dite réparatrice, tous les mercredis de l'année.

Un peu plus tard sa mère lui demandait si, au Séminaire, il faisait la sainte communion tous les huit jours, ou seulement tous les mois. L'enfant, cachant à la terre ses intimités avec le ciel, se contenta de répondre : « Peut-être, maman. »

§ IV.

Quand, dans les villes d'usines, où, pendant quelques jours, le travail subit une suspension complète, s'allument dans la brume du matin les premières lueurs des hauts-fourneaux, une véritable armée de travailleurs, ouvriers et chefs de tout ordre, reparaît dans la grande ruche humaine. De nouveau tout s'agite, tout vibre, le fer et l'homme.

Il se passe quelque chose d'analogue dans ces autres ateliers de l'esprit, modestes ou grands arsenaux de la science, qu'on nomme les établissements d'instruction. Après un chômage plus ou moins prolongé, on voit surgir, au jour de la reprise de l'ouvrage, une vraie troupe de travailleurs, disciples, surveillants, professeurs et chefs de la maison. Tous ont rejoint leur poste à une heure matinale de la journée. Au mouvement, aux apprêts qui ont lieu, on sent que là aussi la vie ouvrière renaît. C'est une usine dont on rallume les fourneaux, dont les machines tout à nouveau sont mises sous pression ; et les premiers rayons du soleil trouvent tous les ouvriers, tous les directeurs des travaux, disposés, préparés aux labeurs pénibles et à la pratique d'un art difficile.

Au lendemain de la retraite, dès le matin du 21 octobre, Alfred eut l'impression bien vive de ce frisson de vie, qui circulait sur les êtres et les choses dans le Séminaire. Dans toutes les salles on disposait les diverses tables, les bancs, le tableau noir, le fauteuil et la petite chaire du maître ; à l'étude, chaque séminariste préparait pour la classe son petit bagage de livres, de cahiers, d'encre, de plumes, et mettait de l'ordre dans les divers objets qui restaient au bureau.

Je les vois encore mes vingt et un élèves, leurs cartons ou leurs serviettes sous le bras, rangés en deux files sous le cloître, et silencieux comme des soldats sous les armes, attendant, devant la salle de Cinquième, l'arrivée du professeur.

Ils rentrèrent tous à ma suite.

— Mes amis, leur dis-je, faisons bien cette première prière à l'Esprit Saint, pour attirer ses bénédictions et ses lumières sur nos travaux de l'année.

Je leur distribuai ensuite leurs places le long des bancs. Ce n'est pas une pure formalité ou une œuvre de mince importance, pour un professeur, que ce premier classement. « Comme on connaît ses saints, on les honore, » dit-on. Comme on connaît ses élèves on les place; et, si on ne les connaît pas, on les place mieux encore. Il y a d'abord la distribution bien nette par division des petits et division des grands, puis un élève paresseux doit coudoyer un élève appliqué ; un enfant silencieux garde un enfant bavard; enfin le maître les surveille tous.

Ce classement tient à tout un système d'éducation. C'est comme le premier pas dans la formation morale de l'enfant. Or, en cette matière, tout se résume, ce semble, à faire contracter des habitudes bonnes, à détruire les mauvaises. Des causes multiples, au sein de la famille, ont fait à l'enfant un caractère plus ou moins droit, bon, acceptable. Des habitudes ont consacré certaines déviations ; il appartient aux éducateurs de réformer, de corriger, de redresser.

On a souvent comparé la nature de l'enfant à un jeune arbrisseau. La comparaison a été faite si souvent qu'elle en est devenue banale.

Un germe se développe en terre; une tige monte d'abord droite vers le soleil ; puis les vents surviennent, qui l'inclinent successivement vers tous les horizons; les pluies ravinent le terrain auprès de ses racines; des animaux passent et le heurtent, et l'endommagent peut-être. L'arbuste pousse toujours sous l'effort vital de sa sève propre ; mais son ascension verticale a été déviée. Et c'est l'œuvre du jardinier de corriger ces déviations, de ramener de la terre sur les racines découvertes et de développer la ramification dans une disposition favorable à l'éclosion des fleurs et à la maturité des fruits.

L'enfant naît, et d'abord grandit, lui aussi, sous la poussée de sa sève vitale. Inconscient du mal et du bien, il a en lui des énergies capables d'accomplir l'un ou l'autre. Voici les gâteries de la famille, les défauts, mignons, les petits travers où par faiblesse, par faux jugement, ou coupable vanité on laisse sa jeune âme impressionnable s'abandonner. D'autres influences ne tardent guère à se faire sentir, influences du dehors, influences de premières camaraderies, qui laissent trop souvent une trace profonde dans le caractère. Aussi quand on met aux mains d'un éducateur un enfant, qui a vécu ses douze premiers printemps au sein de sa famille, et au contact d'une foule d'écoliers de son âge, que de vents contraires ont déjà soufflé sur son âme ! Comme il y a des déviations vieillies dans le développement moral de ce petit être !

Il ne faut donc pas s'étonner si dans les maisons d'éducation où le professeur, par son titre de prêtre, est un peu éducateur, on fait grand cas de tout ce qui contribue à faire contracter de bonnes habitudes, et à déraciner les mauvaises. Il ne faut pas s'étonner surtout si, par mesure de prudence, on ne croit pas, avant preuves, à la sagesse, à la réserve, à la douceur dont presque tous les parents enrichissent complaisamment leurs chers enfants ; si, par un sentiment de défiance trop souvent légitimé, on estime que les élèves nouveaux sont abondamment pourvus de tous les travers et vices de la gent écolière, et si on les place en conséquence: c'est justice ! et c'est sagesse !

Aussi Alfred lui-même, sur qui on avait les meilleurs renseignements, fut-il installé au bout d'une table, n'ayant que sur sa gauche, un voisin d'ailleurs jugé sérieux.

Quand tout mon petit monde fut en place, silencieux, attentif, je jetai un premier coup d'œil rapide, scrutateur sur ce groupe de jeunes têtes tournées vers moi : quelle diversité de physionomies ! Il y avait des visages doux et timides, et des yeux pénétrants et curieux, des yeux où se lisaient la tranquillité du caractère, l'amour du travail, le respect du maître : des figures où se trahissaient une petite malice de quatorze ans et des habitudes d'écoliers, amis des jeux et des distractions ; d'autres physionomies enfin, peu nombreuses, mornes, sans aucune flamme dans le regard, indices infaillibles d'une trop véritable pauvreté intellectuelle.

Ce court examen me laissa cependant une

vive satisfaction : évidemment j'avais là des enfants presque tous disposés à un travail soutenu. Un professeur ne saurait réclamer mieux : la bonne volonté est toujours l'élément de réussite, le levier qui soulève et écarte les obstacles, l'auxiliaire le plus heureux des intelligences le plus diversement douées.

C'était le moment d'expliquer le programme des modestes mais importantes études de la classe de Cinquième. Au bout de quelques minutes ils savaient tous, ces jeunes enfants, ce que j'exigeais d'eux, quel travail serait le nôtre, quelle discipline serait observée pendant les classes, enfin quelles récompenses aux travailleurs, quels châtiments aux paresseux j'avais en main, pour toute la durée de l'année scolaire.

Déjà la cloche annonçait la fin de cette première classe : à peine avais-je eu le temps d'indiquer les devoirs et les leçons pour le soir ou le lendemain. Elèves et professeur ne se connaissaient encore qu'à demi. Mais à mesure que s'écoulèrent les jours de cette première semaine, le maître n'avait qu'à jeter un coup d'œil sur son cahier de notes pour se faire une idée de la valeur intellectuelle de ses disciples. Assurément le niveau général laissait à désirer. Quelques élèves parurent même si peu ou si mal préparés pour la Cinquième, qu'il fallut songer à les faire inscrire dans un cours inférieur. Grande fut la frayeur d'Alfred, à la vue de ce triage. Il sentait que ses premiers thèmes latins n'avaient guère été réussis. Heureusement on se rendit vite compte que les nombreuses imperfections de ses devoirs provenaient surtout de l'obligation. jusque-là inconnue pour lui, de faire son travail dans un temps bien délimité et relativement court. Cette rapidité d'exécution nuisait, chez lui, à la réflexion par habitude un peu lente. D'ailleurs ses leçons étaient apprises et récitées avec attention et intelligence. Définitivement son nom resta dans les cahiers de Cinquième.

La première quinzaine fut pour lui très laborieuse; il était évident qu'il luttait, non certes pour occuper le premier rang, mais pour échapper au dernier. Et il luttait avec la ténacité, la constance que mettent aux cœurs droits et sensibles l'amour-propre et l'émulation. Même il avait la puissance si rare de s'abstraire des choses environnantes, et de s'absorber dans son travail. En ces premiers jours, comme plus tard d'ailleurs, je l'ai surpris à l'étude, penché sur un texte latin et n'existant plus pour toute autre chose extérieure ; il ne s'apercevait même pas de mon approche, et, quand je me penchais sur son épaule ou sur son cahier, pour contrôler son travail, c'était comme un trémoussement de surprise et de réveil. Et toujours sa besogne était faite consciencieusement. De plus, qualités bien rares chez les écoliers, ses cahiers étaient propres et son écriture toujours soignée, aux caractères bien formés, distincts, d'une lisibilité parfaite. Avec une telle application et un travail si opiniâtre, au bout d'un mois, Alfred avait avancé de dix à douze places.

§ V.

Laissons là un instant le séminariste fervent dans ses exercices de piété, l'élève appliqué dans ses études, et recherchons l'enfant de Gontaud, épris du jardin de son curé, ami des arbres et des fleurs, gai, folâtre dans le plein air des champs.

Par delà le quartier ou le faubourg ouvrier de l'usine à gaz, au point précis où la voie ferrée de la Compagnie d'Orléans franchit le Canal Latéral, sur un pont minuscule orné de hauts parapets en blindages de fer, s'ouvre un vulgaire chemin vicinal. Ce chemin trop souvent pierreux, ne tarde pas à s'embrancher dans un vallon, où murmurent, la plus grande partie de l'année, les petites voix d'un filet d'eau qui s'enfle parfois, comme un ruisseau, sous les fortes pluies. A mesure qu'on avance, les ombrages sont plus épais; le vallon se resserre et s'évase tour à tour, se resserre encore, et va finir sur un plateau, par un simple pli de terrain.

C'est à un des points, où les collines opposées semblent s'écarter, que des barrières à claires-voies marquent, sur le bord du chemin communal, les premières limites d'un vaste enclos qui porte la dénomination historique de Gramont, pour avoir appartenu à une illustre famille de ce nom. Un peu plus haut, un grand portail en fer marque l'entrée de cette ravissante propriété que le Séminaire possède depuis vingt ans déjà, à trois ou quatre kilomètres d'Agen, sur les terres de Saint-Ferréol.

Pour les élèves, pour nous tous qui y avons passé, Gramont est un nom trop officiel, presque une dénomination du cadastre. Ses terres, ses bâtiments, les arbres et le gazon du parc, tout cela, c'est la Campagne ! nom plus large de sens, plus exact de signification, car il est vrai que cette campagne-là, pour les séminaristes, a plus d'agréments, plus de sympathie que le reste des champs, des prairies, des bois parcourus, visités dans leurs nombreuses excursions. De tous les environs d'Agen, c'est le seul coin de terre, qu'au moment du départ pour les vacances chacun regrette, que chacun voudrait pouvoir enlever et rouler comme un superbe tapis, qu'il irait déployer là-bas, pour deux mois, au fond d'un autre vallon, sur le flanc d'une autre colline, avec ses ombrages, ses cris d'enfants, ses chants, son eau qui murmure, ses mille bruits divers, bruits de vie, bruits de joies, qui sont comme les battements de cœur de la nature, en cet endroit si sensiblement vivante.

Voici nos élèves loin de leurs livres, un jeudi soir. C'est encore l'automne, l'automne si beau, si plein de soleil, nuancé sur les collines, criblé de fleurs d'or dans les prairies, égayé partout des derniers chants des oiseaux. Une vieille habitude et un souvenir ont conduit les séminaristes vers leur Campagne.

Devant eux le portail s'ouvre. Avec quelle

admiration les jeunes nouveaux pénètrent dans cette allée de peupliers majestueux qui montent toujours plus grands, toujours plus beaux, toujours plus rapprochés, ce semble, vers le corps de logis et les parcs ombreux. Alfred fut saisi par ce caractère de grandeur aimable. Il se fit conduire au réfectoire des jours d'été, dans la salle des exercices, à la petite et dévote chapelle, dans la grande salle des professeurs. Il voulut ensuite visiter le parc dans tous ses détails.

A travers les feuilles jaunissantes des tilleuls et des vieux ormes, le soleil zébrait le gazon toujours vert; çà et là des élèves couraient joyeux, bruyants; des insectes criaient dans l'herbe, et quelques papillons volaient encore de fleur en fleur; tout cela donnait presque une idée des jeudis de mai et de juillet.

Voici, disait-on à Alfred, la place d'un jeu de quilles; un peu plus loin c'est l'installation de l'escarpolette, et plus loin encore entre deux vieux ormes noueux, tortus, décapités, les anneaux et la barre d'un trapèze. Dans le grand parc ce massif de cèdres et d'acacias, c'est une île charmante avec son vieux pont de bois, avec son jet d'eau au pied de la statue de la Vierge ; et, aux jours de grands congés, dans le bassin qui entoure cet îlot de verdure, que de petits bateaux circulent poussés par la brise, que de bâtons battent l'eau, que de bras retroussés bâtissent des digues.

Tout à côté, le long du grand parc, une allée solitaire aboutit à une statue de saint Joseph dans une charmille fraîche, impénétrable presque aux rayons du soleil.

Enfin tout en haut de la colline, bordant la propriété, se dresse une bande de rochers à pic, comme le mur d'une carrière à ciel ouvert, masquée en quelques endroits par des groupes de chênes et de grands lierres grimpants. A gauche se dessine la lisière d'un bois qui semble profond, vrai bosquet où nichent au printemps les merles moqueurs et les douces tourterelles. C'est là, qu'au cœur de l'été, quand le vallon s'endort dans son immobile sommeil de midi, on vient chercher un peu de fraîcheur, sous les arbres qui tamisent parcimonieusement, comme à regret, la lumière du jour aux bruyères pensives et aux mousses endormies. Ici, sur un tertre, sur un vrai dos de colline, à droite, dans le soleil, un belvédère nu, isolé, avec un toit en tôle et des bancs de repos pour les visiteurs.

Quelques séminaristes, s'y élancent bientôt; Alfred les suit. Le panorama est vraiment superbe par un ciel sans nuage. En face la vieille école de Monbran ; à droite, un amphithéâtre de collines boisées, paysage tout en relief, mais d'un pittoresque un peu dur et trop uniforme. A gauche, au contraire, sur une largeur de 30 à 40 kilomètres à vol d'oiseau, la vallée large, riante, fuyant vers l'horizon lointain, où de légères vapeurs confondent le ciel avec la terre. Et sur cette immense étendue, les méandres de la Garonne que trahissent les vigoureuses végétations de ses deux rives.

Plus près, au pied de son coteau plein de verdure et de villas, la ville d'Agen bien déployée. Elle se détache en masse compacte et grise d'où s'allongent, comme des bras démesurés, deux rangs de maisons le long des larges routes, à la suite des faubourgs. Au centre de la cité, montent dans l'azur les hauts clochers et le pavillon doré du Marché-Couvert, qui resplendit au jour comme un dôme oriental. Et les haleines du vent d'Ouest jettent aux collines voisines les mille bruits de la ville ouvrière et commerçante.

— Là-bas, là-bas, demande Alfred, que voit-on dans la grande vallée ?

Puis, sans attendre la réponse, il étend le bras vers l'immensité, et son regard s'éclaire d'un rayon de joie. « Port-Sainte-Marie, murmure-t-il, Gontaud, la maison de marraine et celle de maman ! » Il n'avait pas vu mais il avait deviné la place de ses deux chères patries dans le nimbe bleui des vagues lointains.

— Comme c'est gracieux ! fait-il, en reportant ses yeux sur les parcs, les bâtiments, les prairies de Gramont, qu'on domine si bien du belvédère.

— Y vient-on souvent ?

— Oui, répond un de ses camarades. A partir de Pâques, on y vient tous les lundis soir, et on y passe, les jeudis, toute la journée.

Mais déjà le signal du départ a été donné ; en quelques instants, le long des luzernes fraîchement fauchées, les quelques séminaristes épris du paysage ont descendu les pentes du tertre, dans une course folle, imprudente, irrésistible.

Le vallon retentit d'un chant d'adieu; puis le calme revient à ces campagnes comme ensevelies déjà, pour le sommeil de l'hiver, dans un dernier rayon de soleil automnal.

Il fallait se hâter de rentrer ; la fraîcheur du jour tombait des collines ou montait de la plaine ; Alfred en fut tout saisi.

§ VI.

Le lendemain, pendant la récréation de midi, on lui remit un billet de parloir.

Etonné, il regarde, un flot de sang lui monte au visage, il a reconnu l'écriture. Précipitamment il quitte la cour, et se trouve dans les bras de sa mère.

Ah ! que de questions elle lui adresse sur sa santé, sur son travail, sur sa disposition d'esprit, sur ses professeurs, sur le Séminaire enfin. Et lui-même, que d'interrogations il lui fait sur sa nouvelle existence isolée, sur l'emploi de ses longues heures d'ennui, ou bien sur ses anciens camarades de Gontaud, sur les arbres, les fleurs du jardin, sur sa maison, sur mille petites choses qui étaient pour lui d'intimes souvenirs.

— Tu es enrhumé, remarqua un instant sa mère.

— Oh ! presque pas, fit l'enfant ; il faisait un peu frais, hier, en rentrant de la promenade.

— Mon Dieu, reprit-elle, cela va m'inquiéter. Je reviendrai. . .

— Allons ! fit Alfred vivement, tous les quinze jours tu vas être en route pour venir me voir. Ce ne sera pas sensé !

— Tu diras à M. le Curé, ajouta-t-il, que je suis très heureux ici, et que j'ai bon espoir de pouvoir bien suivre ma classe.

Comme la cloche annonçait la fin des jeux, Alfred embrassa bien tendrement sa mère, et se rendit à l'étude avec ses condisciples. Son cœur était encore doucement agité, tout Gontaud revivait dans son imagination : il étudia mal ses leçons, et fut presque grondé.

Il en arrive ainsi toujours, pour tous les élèves trop souvent dans les bras de leurs parents, au parloir. Les nouvelles de la famille, des amis, des connaissances, fidèlement rapportées à l'enfant, rentrent dans sa tête, à la manière d'un bruyant essaim dans une ruche, et s'y établissent à demeure. Les leçons à étudier, l'explication des devoirs, quelquefois les prières à faire trouvent siège fait et place prise. L'enfant devient, par habitude, perpétuellement distrait, et les progrès sont nuls ou insensibles. C'est peut-être une des causes qui expliquent la supériorité qu'ont généralement, dans les maisons d'éducation, les élèves venus des localités éloignées, sur les enfants du chef-lieu. Même il est peut-être vrai d'avancer que, sur dix écoliers séminaristes ou collégiens, des moins réguliers dans la conduite, des moins assidus au travail, sept au moins appartiennent à la ville. C'est que ceux-là sont totalement dans la main ferme du maître, et ceux-ci trop souvent sous la main caressante des parents. Ceux-là n'ont à parler que de leurs études ; et ceux-ci ne pensent guère qu'aux distractions et qu'aux gâteries de la famille. Il y a pourtant d'heureuses exceptions.

En quittant son enfant, Mme Ladonne se présenta chez M. le Supérieur. Elle était si visiblement inquiète, et elle témoigna de telles craintes pour la santé de son fils que M. le Supérieur put lui répondre :

— Mais, Madame, votre enfant serait-il réellement malade à notre insu ? .. En vérité, aucune mère ne m'a parlé comme vous !

— C'est que mon fils est trop raisonnable, répondit-elle ; et, s'il se sentait malade, pour ne pas être obligé de perdre du temps à l'infirmerie, pour ne pas me faire de la peine, il se tairait,

— Nous y veillerons, Madame, reprit M. le Supérieur, nous y veillerons consciencieusement ; et, si l'enfant tombe malade, nous vous aviserons aussitôt. .

— Je vous en prie, ajouta Mme Ladonne en se retirant.

Grâce à sa puissance de volonté, Alfred apprit bien ses leçons, le lendemain, et fit ses devoirs sans être distrait. Quant à son rhume, il avait disparu, comme un rêve, dans le sommeil de la nuit. Son application se maintenait toujours égale, et il paraissait heureux de se savoir classé dans un bon rang, parmi ses condisciples de Cinquième. Déjà même on pouvait conjecturer le moment, où il occuperait les premières places dans son cours. Cet espoir, cette assurance même de succès prochains n'était point pour assombrir son caractère naturellement gai. D'ailleurs, la conscience du devoir sérieusement accompli donne à tout visage humain l'expression de la joie intérieure. Un mois à peine s'était écoulé depuis le soir, où Alfred avait paru dans la cour du Séminaire, timide, modeste, un peu embarrassé de toute sa personne, et déjà il faisait les délices de ses camarades par la facilité de son caractère, les saillies toujours charitables de son esprit, la gaîté franche, vive, toute méridionale de son humeur.

Je laisse parler un de ses condisciples :

« Son caractère était excellent. En récréation, il était toujours gai, et savait nous divertir par de bons mots et de spirituelles plaisanteries. S'il survenait entre nous une dispute, pour un motif ou pour un autre, il savait toujours, par une parole habilement trouvée, en obtenir la fin dans un rire général. Il se faisait même un certain plaisir d'apaiser ainsi nos petits différents. Du reste notre affection et nos prévenances pour lui étaient celles qu'on a pour un frère... »

« Je lui ai vu quelquefois une physionomie pensive, sérieuse, même en récréation, rapporte un autre de ses camarades, mais jamais un visage maussade ou d'une humeur chagrine. Tout au contraire, il était ordinairement gai, et presque toujours le sourire errait sur ses lèvres. Et comme il aimait ses condisciples!... autant pour le moins qu'il en était aimé ! »

Ces témoignages certes non intéressés, tout spontanés, se sont multipliés, variant à peine dans la forme, toujours les mêmes pour le fond. Ils attestent tous, à la louange d'Alfred, combien son adoption dans les groupes de ses camarades avait été prompte et entière, grâce à ses qualités aimables et sérieuses.

Contrairement à certains élèves enjoués, amusants, aimables même, qui ne sont acceptés, agréés que par les camarades qu'ils intéressent, Alfred jouissait aussi de l'estime de tous ses maîtres. Sa conduite régulière, son application à l'étude, sa piété le désignaient assez, à leurs yeux, comme un séminariste attentif à remplir consciencieusement tous ses devoirs. Ses professeurs surtout n'avaient pas tardé à remarquer, en classe, son attention continue, sa tenue correcte et silencieuse, et volontiers ils encourageaient sa bonne volonté et ses méritants efforts. Aussi, très rares furent les reproches qui purent lui être adressés. Un seul mot du reste, un regard, un simple geste de mécontentement de la part de ses maîtres, était profondément senti par son âme délicate et vibrante. Le rouge montait à son front ; la confusion, le regret, l'émotion pénible se peignaient sur sa physionomie : il y aurait eu cruauté à insister.

§ VIII.

Un matin, au sortir de classe je vis Alfred quitter les rangs, et se précipiter dans la cour, contrairement à toutes les habitudes et à toutes les prescriptions du règlement. J'aperçus M. l'abbé Jacomy. Le bonheur de revoir son premier et vénéré maître avait fait oublier à l'enfant la sévère consigne.

M. le Curé de Gontaud revit le soir son protégé, mais au parloir pendant une récréation.

— Tiens, lui dit-il, voici quelques gâteaux que je serais bien aise de te voir manger.

— Volontiers, M. le Curé, s'il vous plaît d'y goûter tout le premier.

— Mais, mon enfant, reprit M. l'abbé Jacomy, j'ai des facilités, moi, d'en manger ailleurs.

—Cela ne peut vous priver du plaisir d'en goûter maintenant. Et puis n'ai-je donc pas été condamné à me servir le dernier?

M. le Curé dut s'éxécuter. Alfred trouva fort bonnes les pâtisseries agenaises, et rentra à l'étude, après avoir bien recommandé à son ancien maître d'annoncer à sa mère, toujours inquiète, qu'il jouissait d'une superbe santé.

En ce moment, en effet, Alfred était un enfant ou presque un jeune homme de très belle et très vigoureuse apparence.

— Quel beau soldat vous feriez, à quatorze ans, lui dit un de ses condisciples, pendant une de leurs promenades.

— Oh ! pas encore très beau, répondit-il, mais peut-être assez bon.

Et ramené par un mot à ses idées de guerre, d'art militaire, de canons, de forteresses, Alfred s'étendait, avec complaisance, sur des récits de combats, d'actes de courage, et sur nos désastres pendant la dernière guerre franco-allemande. Car cet élève paisiblement laborieux, d'une piété douce et édifiante, avait l'imagination, peut-être plus que l'esprit, hantée, remplie de pensées guerrières.

— Rien n'est plus beau après le prêtre, que le soldat, disait-il; c'est qu'après le service de Dieu, il faut placer le service de la Patrie.

« Lorsque dans les promenades, rapportent deux de ses condisciples, on cessait de s'amuser, et que les conversations reprenaient, Ladonne amenait presque toujours nos entretiens sur l'armée, les forts, les ports de guerre, la marine militaire, les armes diverses et les rivalités de puissances. Il était pris d'un grand enthousiasme, en rappelant quelques épisodes des combats de 1870. Mais ce qui ressortait le plus vivement de tous ses récits, c'était le sentiment religieux, catholique, dont il relevait toutes ses pensées. On voyait bien que du sang chrétien et français coulait dans ses veines ; mais encore le chrétien dominait tout en lui. »

A quoi attribuer ce mélange de pensées religieuses et guerrières dans la jeune âme d'Alfred ? Les pensées fortement chrétiennes tenaient évidemment à son éducation même, accomplie sous la direction d'un prêtre, les autres étaient peut-être nées de ses conversations fréquentes avec son instituteur, ou seulement de ses lectures personnelles. Peut-être aussi ne devrait-on les attribuer qu'à la noblesse native de cette âme, entrevoyant déjà, à ses quatorze ans, comment on ne doit faire passer que le service de Dieu avant le service de la patrie, de la France aimée.

§ VIII.

Les jours se succédaient rapides ; l'hiver était venu, mais son souffle glacé ne refroidissait nullement l'ardeur, l'application d'Alfred pour l'étude. Ses notes de quinzaine s'amélioraient, et l'enfant avait pris rang parmi les premiers de sa classe. Avec quel plaisir, avec quelle légitime satisfaction, il transmettait à sa mère ces témoignages de son travail.

Un des premiers jours de décembre, M. le Curé de Gontaud fut encore appelé à Agen pour une affaire privée. Lorsqu'il se présenta pour voir son jeune protégé, depuis deux heures déjà les enfants jouissaient d'une promenade de faveur.

La division d'Alfred avait pris à gauche

par le boulevard Victor Hugo, avait traversé le voie ferrée près des abattoirs, et longeait cette délicieuse petite rade qui dort immobile, sur sa population grouillante de poissons nacrés, au pied du coteau, sous les bruits incessants des wagons en marche et des pénibles ahans des locomotives au départ. Assis sur la berge, les pieds presque dans l'eau, les yeux sur leurs flotteurs obstinément immobiles, quelques pêcheurs se laissèrent distraire un instant jusqu'à regarder passer ce détachement de séminaristes. Le chantier des radoubs, où l'on n'a jamais calfaté un simple canot, était toujours désert ; mais tout près de là un gros bateau déchargeait des poteries et des briques plates. Dans le ciel, malgré la saison avancée, le soleil avait des ardeurs de septembre.

Sur un signal du maître nos heureux promeneurs prirent le chemin montant de l'Ermitage Les petites têtes curieuses paraissaient par-dessus les haies ou les murs armés de grilles ; mais la ville se détachait mal encore dans la vaste plaine : Les premières flèches d'églises semblaient toucher aux lointaines collines de l'horizon, et les toits rapprochés, massés, paraissaient former sur toute la cité une terrasse lourde, inégale, immense, bossuée, crevée en certains points du sombre sillon des rues tortueuses. On monta encore, et la plaine apparut avec son fleuve, derrière les faubourgs; on compta les gros édifices; on se montra la tour grise, presque noire du Séminaire, la préfecture coquette, les deux lycées, les casernes aux toitures rouges, et sur les collines d'en face, les châteaux de Monluc, de Roquefort et la belle et antique église de Moirax. Les pluies avaient, la veille, nettoyé l'horizon.

Parvenus à la hauteur de l'Ermitage, nos élèves frappèrent à la porte, et, des deux mains, l'un d'eux secoua vigoureusement la clochette d'appel. On s'attendait à voir paraître la robe de bure et la figure angélique d'un frère portier. Ce fut une bonne vieille, une femme du peuple qui se présenta, et refusa l'entrée. Depuis le jour où les expulseurs, les laïcisateurs à outrance, avaient fait le siège du couvent, pour en chasser les vrais propriétaires, les paisibles et saints reclus, cette femme, placée là par une administration quelconque, remplissait les fonctions de concierge, et cultivait, pendant ses longs loisirs, quelques planches d'herbes potagères.

Ce fut le surveillant de la promenade, qui eut un serrement de cœur. Elève lui aussi, quelques années auparavant, il avait pu pénétrer dans ce monastère dont une consigne sévère lui interdisait l'accès ; il avait bu à la fontaine de Saint-Caprais ; le long des allées recueillies il avait vu passer de grandes ombres de carmes en prière ou en méditation ; il avait prié aussi dans le petit cimetière du couvent ; un jour même il avait pénétré dans la grotte du P. Hermann, où le célèbre carme musicien a composé quelques-uns de ses délicieux cantiques. Il y avait là un piano appuyé au rocher, fatigué, triste, avec des touches sans ressorts, enfoncées dans le clavier ; le séminariste y porta une main guidée par un souvenir religieux. L'instrument frémit jusque dans ses entrailles, et il sortit de ses flancs un son si strident, si courroucé, et où vibraient de telles notes d'indignation, que le profanateur recula instinctivement, et sortit tout ému. Evidemment il est des choses qui meurent avec les hommes qui les ont animées ; depuis la mort héroïque de l'artiste chrétien qui lui communiquait ses ardents sentiments, ce piano n'a plus d'âme, mais il garde comme d'effroyantes voix d'outre-tombe contre ceux qui viennent troubler son silence de chose morte.

Repoussés les élèves s'éloignèrent.

— J'aurais voulu voir, dit Alfred, voir si la chapelle garde un recueillement pieux, si des statuettes ou des images de saints ornent encore les corridors du couvent ; si la voûte des grottes ne s'effrite pas, si l'herbe croît déjà sur les tombes....

Un an plus tard, M. Philippe Lauzun répondait à ces questions dans son récent ouvrage, *les Couvents de la ville d'Agen.*

« Il est triste et doux en même temps, écrivait le savant et gracieux historien de l'Agenais, quand s'exhalent les premiers effluves printanniers, de gravir les pentes escarpées de l'Ermitage et de pénétrer dans son enceinte, vers laquelle, pendant plus de seize siècles, se sont tournés les regards des fidèles d'Agen. A l'intérieur, l'église est muette, l'autel n'existe plus, la chaire est brisée, les orgues enlevées. Dans les chambres froides du Couvent, l'humidité saisit, et c'est à peine si la chaleur de midi parvient à en réchauffer les murs, couverts de poussière et de toiles d'araignées. Au dehors les allées sont désertes ; le jardin est en friches et abandonné Tout au bout, autour de la statue noircie de la Vierge, l'herbe pousse inculte et haute sur les tombes des Ermites, que les modestes croix de bois, vermoulues ou renversées par le vent, ne protègent plus. L'entrée des grottes est désormais fermée par les touffes inextricables de lierre et de vigne grimpante. L'orage encore une fois est passé par là !... Et cependant, aujcurd'hui comme autrefois, en ces temps d'impiété comme aux plus beaux jours des martyres et des dévotions du XVIIe siècle, le soleil dore gaiement les parois pittoresques du rocher ; les oiseaux chantent aux branches des vieux ormes ; les abeilles bourdonnent au-dessus des fleurs ; et, du haut de cette terrasse si souvent sanctifiée, la vue s'étend, imposante et majestueuse, sur ce beau pays de Garonne, qu'éclaire presque toujours un ciel pur et lumineux. »

Cette vue imposante, sous ce ciel plein de lumière, nos élèves montèrent la contempler d'un peu plus haut. Parvenu au dernier lacet du chemin dominant l'Ermitage lui-même, Alfred, qui tenait la tête de la division, battit des mains avec enthousiasme : « Les Pyrénées ! cria-t-il, les Pyrénées ! »

Sur le fond bleu de l'horizon, les grands monts dessinaient la ligne dentelée, sinueuse de leur longue chaîne enveloppée de neiges. Le paysage était immense, grandiose.

— Que c'est beau ! fit Alfred.

Puis, prêtant l'oreille au bruit de la ville

qui vivait à ses pieds, Alfred distingua la grosse voix d'un camionneur qui gourmandait son cheval. Dans la rue de la cathédrale deux gamins se querellaient vivement, et leurs voix d'enfants perçaient sensible ment dans le bourdonnement confus qui montait de la cité vers le coteau.

— Je ne m'étonne plus, déclara Alfred, que dans leurs ascensions les aéronautes puissent entendre le chant d'un coq matinal à trois mille mètres dans l'atmosphère. Comme l'air est bien fait pour vibrer ! Et nous devons remercier Dieu que ce soit pour les hommes un si facile moyen de communication !...

Les enfants ne restent pas de longs moments sous le charme des beaux paysages ou dans la méditation des pensées sérieuses. Dans leur course rapide, deux élèves heurtèrent du coude le jeune séminariste de Gontaud qui se mit à leur poursuite sur le chemin toujours montant; et la course et les ébats durèrent longtemps, longtemps, dans les fossés pleins d'herbes sèches, et le long des haies dépouillées où le vent secouait les dernières feuilles.

Vers quatre heures et demie les diverses divisions de la communauté arrivèrent au séminaire, l'une après l'autre. Lorsque Alfred eut pris son pain pour la collation, je le fis avertir de monter chez moi. Rapidement il gravit les escaliers des deux étages, puis hésita devant les premières portes du corridor : Depuis le premier ou le second jour de la rentrée, il avait eu le temps d'oublier ma chambre. Je vins donc lui ouvrir et l'introduisis.

Son émotion fut si vive, en apercevant son cher ancien maître, que ses yeux se remplirent de larmes de joie.

— Comme tu es en bonne santé ! lui dit M. le Curé. Mais dis-moi donc comment je dois parler pour le persuader à ta mère.

— Dites-lui que je viendrai moi-même dans trois semaines, au premier de l'an, lui prouver que je me porte à merveille.

Et ce disant, Alfred mordait avec un appétit charmant dans un énorme morceau de pain, additionné d'une bille de chocolat.

— M. le Curé, demanda-t-il, comment vont mes anciens camarades ?

— Ah ! s'écria joyeusement M. l'abbé Jacomy, je vais t'apprendre une nouvelle qui te fera plaisir. Imagine-toi bien que Louis M. veut entrer au Séminaire, ainsi que Gaston G. Ils désirent même que je leur donne quelques leçons de latin ; je suis bien vieux pour entreprendre d'autres travaux de ce genre, et cependant je crois que je m'y déciderai Quand ils vont te voir arriver au premier janvier, avec ton costume de séminariste et surtout avec ta bonne mine de santé, ils vont avoir de jolies envies de te suivre à ton retour.

— Je serai très heureux, dit Alfred, de les avoir ici avec moi. Dites-leur bien qu'ils ne s'y ennuyeront pas du tout. On s'y amuse beaucoup et avec entrain. Sans doute il y faut aussi travailler, mais c'est encore avec plaisir : Il y a une grande émulation dans toutes les classes, on travaille sans s'en apercevoir.

Cette fois encore la fin de la récréation marqua la fin de l'entrevue et de l'entretien.

— Savez-vous au moins le chemin pour descendre ? dis-je alors malicieusement à Alfred.

— Oh ! oui, monsieur, répondit-il en souriant, nous passons tous les jours par cet escalier, en sortant du dortoir !

§ IX.

Ainsi s'écoulaient pour l'enfant ces deux ou trois premiers mois de son séminaire, remplis par son travail, distribués régulièrement entre des études et des classes de français, de latin, de grec, de mathématiques, de sciences physiques et naturelles, et égayés par les jeux de la cour, les promenades en pleins champs, et les rares apparitions des personnes les plus chères. Le bonheur, ici-bas, est dans une existence occupée ; l'oisiveté, les loisirs prolongés laissent trop de place au rôle dupeur de l'imagination, et par conséquent aux désirs insensés qui agitent, aux rêves irréalisables qui tourmentent, parfois à l'ennui troublant et douloureux.

Plié, asservi au joug d'un règlement qui ne laisse aucun moment, dont l'emploi n'ait été prévu, Alfred vivait toutes ses journées, pleines de travaux divers, dans une paix, une jouissance que relevaient d'un plaisir plus senti, plus vif, les heures de délassement. Du reste son esprit s'ouvrait déjà à des charmes d'un ordre élevé : Avec quelle joie il écoutait la lecture d'une page littéraire, lorsque le professeur, satisfait du travail, de la conduite de ses élèves, leur offrait à tous ce régal de l'intelligence. Sa tête se tendait en avant, ses yeux grands ouverts semblaient lire ce que l'oreille seule percevait, toute sa physionomie trahissait l'émotion intime, et reflétait les sentiments divers qui passaient dans la lecture, la joie, la douleur, l'exaltation, l'abattement, la raillerie fine, déliée, ou le sarcasme puissant. Très friand de ces sortes de distractions, Alfred, à ses heures de loisir, ou plus simplement pour accomplir son devoir, ne dédaignait pas lui-même d'essayer sa jeune plume.

Je ne résiste pas à l'envie de citer textuellement et dans son entier, avec ses défauts, ses petites qualités, et quelques expressions réussies, une page de sa façon. C'est une narration pensée et écrite pendant les fêtes de Noël de ce même mois de décembre 1888. Un rhétoricien sourirait peut-être de pitié à la lecture de cette composition; un professeur de Cinquième y trouverait, avec toutes les traces de l'inexpérience en pareille matière, un certain esprit d'invention, quelques délicatesses de sentiments, d'heureuses expressions et des gentillesses de style qui feraient bien augurer pour la rhétorique à venir du jeune auteur.

Ce court récit a un titre : « *Noël l'orphelin* »

« En 1870, dans la nuit du 24 au 25 décembre, naissait au village de Vibrac, en Bretagne, un enfant dont le père avait été tué le 18 août de la même année, dans la bataille de Gravelotte, l'une des plus sanglantes de la guerre franco-allemande. La pauvre veuve mourut elle aussi, quelques heures après avoir donné la naissance au fils du soldat mort. Alors la châtelaine du lieu accourut, recueillit le petit orphelin, et l'aima dès le premier jour comme un fils. Au baptême on voulut donner pour patron à l'enfant le saint du jour de sa naissance ; mais le calendrier n'en a aucun pour le 25 décembre ; alors on lui donna le joli nom de Noël.

Noël grandit, entouré des soins et de l'affection du châtelain et de la bonne châtelaine qui n'avaient point d'autre enfant que lui. A quinze ans il était déjà un superbe enfant, gai, alerte, d'une constitution robuste ; il faisait l'orgueil, la joie, l'espérance de celle qui l'avait recueilli avec tant d'empressement, Cependant il ne connaissait pas son humble naissance ; et lorsque il appelait le châtelain son père, il ignorait que celui à qui il devait la vie était mort à l'ennemi d'une balle prussienne.

Depuis quelques années, sa mère adoptive était minée par un mal inconnu, qui peu à peu la conduisait au tombeau. Au seizième anniversaire de la naissance de l'enfant, appuyée sur son bras déjà vigoureux, elle se dirigea vers la pauvre chaumière où Noël avait reçu le jour. Là, le serrant affectueusement sur son cœur, elle lui révéla qu'il était orphelin ; elle lui dit aussi avec quel empressement elle l'avait recueilli, de quels soins elle avait entouré son enfance, enfin de quel amour maternel elle l'avait toujours aimé.

Noël avait un cœur très sensible. Cette révélation fut pour lui un coup terrible.

— Orphelin ! répétait-il, je suis orphelin. et j'ai vécu seize ans sans verser une larme sur la mort de mes pauvres parents !

Quand il entra au château, son visage bouleversé portait les traces d'une inexprimable douleur. Dès lors on s'aperçut qu'il n'était plus jamais gai et joyeux; il devint tout triste ; sa santé elle-même s'altéra ; il n'y eut plus de vigueur dans ses membres, son corps tomba en défaillance, et au retour du printemps, tandis que tout renaissait dans la nature, Noël au lieu de l'imiter et de reprendre ses forces, s'affaiblissait et dépérissait rapidement. Un soir d'été, ayant encore pu se traîner dans le parc, il exhala pour la dernière fois ses plaintes et ses gémissements, fit ses adieux à la nature qu'il avait beaucoup aimée, et rentra au château pour n'en plus sortir vivant. Il était minuit : l'horloge du beffroi tinta douze coups.

La mère adoptive de Noël, accablée en même temps par sa maladie et par les douloureux regrets d'avoir imprudemment révélé à l'enfant la mort de ses vrais parents, mourut le même jour que lui. Et l'on dit que depuis le châtelain accablé de chagrins traîne tristement une vie qui n'a plus ni espérances, ni but; parfois on l'entend s'écrier : « Vous qui aimez à faire des heureux, adoptez l'enfant sans parents ; mais ne lui dites pas qu'il est orphelin; il mourrait de douleur, vous mourriez de sa peine. »

§ X.

Quelques jours seulement après les fêtes de Noël, le 31 décembre au matin, ce fut, dans la cour du séminaire, dans les corridors, le long des cloîtres, un mouvement, une agitation bruyante, fiévreuse, gaie : On eût dit toute une famille d'oiseaux prisonniers, sentant la cage ouverte, et se heurtant dans leur précipitation aux barreaux résistants; et puis des envolées joyeuses, et comme des frémissements d'ailes dans les libres champs de l'espace.

Comme elle était vide, le soir, la cage désertée, comme tout était devenu silencieux.

Et pendant ce temps, là-bas, au fond des campagnes, comme on fêtait, comme on réchauffait, comme on choyait les petits, rentrés au premier nid après de longs jours d'absence !

Il faut bien de temps en temps leur rendre les joies du foyer à ces chers enfants, sevrés pendant de longs mois des soins, des caresses de la famille. Quel charme aussi d'une saveur, d'un agrément tout spécial, ont ces quelques jours de congé du premier de l'an, au cœur de l'hiver, tandis que la neige tombe, et qu'à travers les portes mal jointes de la vieille maison paternelle, le vent parle, gémit, gronde avec des voix terribles, comme autrefois, quand tout enfant nous en avions peur.

Enfin, depuis quelques années, la coutume des vacances de janvier, si universellement admise aujourd'hui, a prévalu même au Petit Séminaire d'Agen. On a pensé qu'il était bon de laisser les enfants se retremper quelques jours dans la vie de famille et subir de nouveau, comme en passant, l'influence des parents qui peut être si heureuse. Et c'est aussi une récompense au travail et à la bonne conduite, ce congé que l'on peut allonger ou abréger suivant la satisfaction plus ou moins grande des maîtres et du supérieur.

On pense avec quelle joie Alfred reprit le chemin de sa petite ville natale. Sans doute il aimait sa vie pieuse, laborieuse de séminariste, mais rien n'était éteint en son âme de ce qui est le souvenir et le sentiment. L'éducation chrétienne, l'éducation sacerdotale surtout ne glace pas le cœur, n'en comprime pas les aspirations généreuses, n'en émousse pas les désirs ; elle les dirige seulement. J'oserai même dire qu'elle affine tous les sentiments de l'âme, à force de délicatesse, et par une continuelle élévation de pensée, par un quotidien exercice des douces vertus.

Combien fut grand aussi le bonheur de la mère, en revoyant son fils, grandi, joyeux, plein de vie, plus que jamais obéissant, pieux, affable envers tous, respectueux pour les vieillards, simple et aimable avec tous ses anciens camarades. Ce furent les aspirants séminaristes qui eurent une vigoureuse poussée de vocation ! Ils seraient partis tout de suite, même pendant les vacances de leurs futurs condisciples.

— Oh ! maintenant, disait Mme Ladonne, je ne me mettrai plus en peine pour toi ; tu te portes deux fois mieux qu'avant de partir.

Alfred revit le jardin de M. le Curé, mais il lui sembla bien petit, en songeant à Gramont. Le pavillon n'avait plus sur ses parois qu'un treillis de petites branches sans feuillage ; sur le bord du chemin, quelques chrysanthèmes en fleurs marquaient seules la place du parterre. Mais Alfred songeait que bientôt le printemps rendrait à tout cela sa verte parure, et il se revoyait déjà, pendant les vacances d'août et septembre, ratissant les allées, arrosant les massifs fleuris, cueillant à l'arbre les fruits mûrs.

M. le Curé, lui aussi, tout heureux, tout fier de son séminariste, traçait déjà pour les grandes vacances un programme de travail et d'agrément ; un petit voyage entrait même dans l'arrangement du temps et des distractions, pour le cas où l'enfant rapporterait quelques prix.

Cependant, même quand on organise les plus beaux projets pour l'avenir, le présent échappe et fuit , et quatre jours sont si vite écoulés !

— Quoi ! s'écria un soir Mme Ladonne, c'est demain, mon enfant, c'est demain que tu rentres au séminaire ?

— Oui, certainement, maman ; c'est que le temps où on est heureux passe bien vite !

— Non, mon enfant, tu ne rentreras pas demain ; nous écrirons à M. le Supérieur...

— Je t'en prie, maman, n'insiste pas. C'est demain la rentrée règlementaire, je rentrerai demain.

Le lendemain un séminariste d'un village voisin arriva, dans la matinée, chez Alfred, où il était attendu pour le déjeuner de onze heures. Il fut extrêmement touché des marques d'affection et de déférence qu'il vit cet enfant bien né prodiguer à sa mère. Au moment du départ, Mme Ladonne prit Alfred à l'écart et lui mit dans les mains une pièce d'or et cinq pièces d'argent pour ses déjeuners, ses collations et ses menus plaisirs.

— C'est trop, petite mère s'exclama Alfred.... peut-être en as-tu besoin ?

— Mais non, mon enfant, prends donc.

Alfred courut d'abord aux tiroirs de sa mère, pour constater si elle disait vrai.

— Oui, maman, fit-il ensuite gaiement je puis prendre ces 25 francs.

L'enfant saisit en même temps sa valise, et fit quelques pas vers la porte; son camarade le suivait : ils avaient décidé d'aller à pied à la gare. Sa mère insistait pour l'accompagner, mais comme son émotion lui faisait verser des larmes, il la supplia de rester. Il l'embrassa tendrement et partit.

— Donne au moins ta valise au voiturier, lui cria-t-elle de loin.

— A revoir maman, fit Alfred, en agitant sa main en signe d'adieu.

— Ma valise n'est point lourde, dit-il ensuite à son camarade, je la porterai bien jusqu'à la gare : elle y sera ainsi aussitôt que nous.

Au détour de la rue, Alfred se retourna ; il aperçut sa mère toujours sur le seuil de la maison et encore tout en pleurs.

« Je me souviendrai toujours, écrivait quelque temps après son compagnon de route, des paroles qu'il prononça alors : « Elle a peut-être bien raison de pleurer, ma mère, qui sait ! peut-être que je ne la verrai plus. » Puis chassant cette sombre pensée, il changea de conversation et fut très gai tout le reste du chemin. »

Le soir il rentrait dans son cher séminaire, et je recevais sa visite et celle de ses condisciples.

— Vous voilà bien reposés, leur dis-je. Maintenant, au travail ! Dans quelques jours vous subirez l'examen du premier trimestre : à l'œuvre donc ! je vous en prie, et sérieusement ! Faites qu'on n'ait pas à se repentir de vous avoir accordé quatre longs jours de vacances.

§ XI.

Alfred redoubla d'ardeur. Il mettait un certain amour-propre à bien préparer ce premier examen de son année scolaire; il pensait même qu'on allait ainsi prendre une véritable appréciation de son travail pendant le trimestre écoulé et porter sur lui-même un jugement définitif ; cela le stimulait énergiquement.

Le jour de l'épreuve arriva. Alfred réussit moins bien qu'il n'était à espérer avec une telle somme de travail. Il est vrai que sa timidité naturelle, en pareille circonstance, n'était pas un élément de succès; il est encore vrai de dire que par leur nature les examens devraient être la constatation des connaissances acquises ; mais les examinateurs, sans le vouloir parfois, peuvent arriver par des questions difficiles, insidieuses ou agaçantes, à en faire la constatation de l'ignorance non encore dissipée. Dans ce cas il ne reste à l'élève que la conscience de son labeur et de sa bonne volonté.

Après ce demi échec, Alfred se reprit au travail sans hésitation comme sans délai. « Je ferai plus et mieux ! », semblait-il se dire. Mais il lui eût été bien difficile d'apporter à son métier d'élève plus d'application. Il n'eut qu'à travailler comme auparavant pour contenter ses maîtres et donner à ses condisciples un exemple bon à suivre.

« J'étais presque son voisin d'étude, déclarait depuis l'un d'eux, et je puis rendre ce témoignage que jamais je ne l'ai vu perdre son temps. »

Combien ses maîtres se réjouissaient d'une application si constante. Combien ils se sentaient récompensés, bénis dans leur dévouement, en voyant cette jeune intelligence ouvrir ses regards sur tous les horizons, qu'on lui découvrait. On sentait que cette jeune âme se formait déjà sur l'âme de ses maîtres.

Dans son enseignement, dans les digressions de son enseignement, un professeur, et beaucoup plus un professeur d'humanité qu'un maître de grammaire, touche à tant de points de la science humaine ! il se communique si bien, il se livre si totalement aux avidités, aux curiosités louables de ses élèves ; il produit, il enfante de telles pensées, de tels sentiments dans leurs jeunes âmes ! il leur infuse à ce point ses propres idées, ses goûts intimes, qu'en les considérant d'un peu près il croit à un mirage. Comment se reconnaît-il dans ces enfants ! Comment leurs âmes ne sont-elles que des images ressemblantes de la sienne ! Un sculpteur mettrait moins de fidélité de reproduction entre une copie et son modèle. A l'insu du maître, cette œuvre prodigieuse s'est accomplie ; et il s'est noué des liens de paternité et de filiation entre son esprit et ces jeunes intelligences, liens sacrés que des cœurs bien nés ne tranchent jamais. D'autres maîtres y imprimeront aussi leur image. Par un travail personnel chacune de ces jeunes âmes se façonnera dans la suite une physionomie individuelle, mais il y aura toujours quelque part dans l'expression de l'ensemble la marque des premières ciselu-res. Et ces enfants grandiront ; quelques-uns sans doute s'ouvriront, à force d'énergie, de travail, de pensées, une route vers les honneurs enviés, ou peut-être vers ces sommets d'ascension autrement pénible qu'on appelle la célébrité, la gloire ; ils auront certes à se frayer le chemin à travers des rangs pressés d'ennemis, de jaloux, d'impuissants ; mais il y aura quelque part pour eux des hommes qui, d'un visage ami et joyeux, du sein même d'une modeste situation, n'auront que des sourires approbateurs et de vertueuses et nobles excitations : ce seront les anciens maîtres ; ce sera surtout cet ancien petit maître, de quatrième, de cinquième peut-être, presque oublié, dont le nom flotte incertain dans la mémoire, et qui le premier ébaucha l'œuvre, et fit apparaître les traits révélateurs. Ces maîtres-là restent toujours des pères, et, du milieu des luttes ardentes, à l'issue douteuse, il faut se retourner de leur côté pour reprendre courage et confiance.

Alfred sentait fortement tout cela, et il aimait ses maîtres.

— Que mes professeurs sont bons, disait-il à sa mère, pendant le congé si rapide du premier de l'an ; combien ils sont dévoués, combien ils vivent avec nous et pour nous ! Maman, il te faudra faire un cadeau à mes professeurs !..

A cette affection qui se mêlait, en lui, à une reconnaissance naïve, à un genre de reconnaissance, d'ailleurs déconseillée, et toujours inacceptée dans le milieu où il vivait, Alfred ajoutait un sentiment encore plus profond et plus noble, le respect, la vénération pour ses maîtres. Ce n'est certes pas lui qui se serait permis de se plaindre des travers supposés de leurs caractères, de blâmer leur conduite, de critiquer leur manière de dire ou de penser. Peut-être comprenait-il que ces facilités, ces licences de jugements et de critiques sont, trop souvent, les éléments dissolvants de l'autorité et du bon ordre, dans une maison d'éducation Peut-être se disait-il tout bas ce qu'il faudrait dire très haut, c'est-à-dire que les élèves prompts à accuser leurs maîtres, à porter sur eux des soupçons désobligeants, que ces élèves soi-disant redresseurs de torts de tout ordre, fauteurs de petites cabales et de profondes divisions dans une communauté, qui ne savent vivre heureux s'ils ne font souffrir quelqu'un, professeurs ou camarades, et s'ils ne suscitent à leurs supérieurs de continuelles difficultés, que ces élèves méritent toutes les réprobations. Il ne leur serait dû, devrait-on dire, que les coups de cravache qu'on leur administrait dans un plus jeune âge pour des fautes certes bien moins graves, et dont les conséquences étaient loin d'avoir une portée si étendue et si préjudiciable.

Alfred échappait à ces funestes travers par des habitudes douces, un esprit bienveillant, et surtout par un sincère sentiment de piété qui dirigeait tous ses actes. De jour en jour il se laissait guider davantage, dans tous ses actes, par le sentiment de l'amour de Dieu et de sa sainte présence. Comme il était édifiant dans ses divers exercices de religion ! C'était encore l'enfant de chœur de Gontaud, à l'attitude recueillie ; c'était toujours le premier communiant, pénétré de la grandeur des saints mystères, et prosterné dans un sentiment d'adoration et de reconnaissance devant l'autel de son Dieu.

Souvent, quand la communauté passait d'un exercice à un autre, dans un lent mouvement de procession, le long des cloîtres, Alfred, la main droite dissimulée dans les plis flottants de son costume d'écolier, égrenait silencieusement, dévotement son rosaire aimé ; et là ne se bornaient pas ses pratiques chrétiennes : Il exerçait encore parmi ses camarades, cette charité agissante dont il avait donné ailleurs de charmants exemples. Le cher enfant fut même un jour tout contristé de recevoir des reproches, pour avoir poussé trop loin, lui dit-on, cette vertu si exquise. Il était allé jusqu'à ouvrir sa modeste bourse, et y laisser puiser : le don était déguisé sous le titre obligeant d'emprunt.

Et avec ces sentiments de piété. ce recueillement dans les prières. cette aimable et touchante charité, avec son amour du travail, cet enfant, aux heures de récréation, semblait devenir de plus en plus ardent au jeu, agité, dépensant, semblait-il, un excès de forces et d'activité.

Un des jours de février, dans l'après-midi. je l'aperçus lançant le ballon avec un entrain et une vigueur remarquable. La journée était belle, mais encore un peu froide : il y avait du soleil sur les toits, mais du vent dans les arbres. Alfred paraissait avoir mis un costume printannier. La blouse, une blouse gris-noire. à multiples lignes blanches, avait remplacé les lourds habits d'hiver.

— Petit imprudent, lui dis-je, comment prenez vous déjà des vêtements légers ? On croirait que vous voulez faire arriver le printemps avant l'heure : quelle impatience !,..

— C'est vrai, M. l'Abbé, répondit-il ; je suis un peu légèrement vêtu ; mais j'ai là sous le cloître un gros pardessus que j'endosserai à la fin de la récréation !

Le ballon, en ce moment, vint tomber à mes pieds. Alfred le saisit.

— Voudriez-vous le lancer, M. l'Abbé ? demanda-t-il.

— Non, lui répondis-je, merci ; mais lancez-le pour moi.

Le coup fut vigoureux ; le ballon monta dans les arbres, s'embarrassa dans les branches, roulant de l'une à l'autre, et finit par retomber dans les mains d'Alfred, qui le relança et le rattrapa encore une troisième fois.

Quelques instants après, directement poussé au mur, le ballon entra, par une fenêtre ouverte, dans la chambre d'un professeur absent. Ce fut une suspension forcée de jeu et d'agitation. Alfred endossa son pardessus, et se condamna à faire les cent pas, tout le long de la cour, avec ceux de ses condisciples, promeneurs par goût ou précoces philosophes par habitude. L'un d'eux passa son bras dans le bras d'Alfred, et la conversation s'engagea aussitôt. Ils devaient dire des choses gaies, car leurs rires étaient bruyants. Mais soudain Alfred se rejeta de côté.

— Je vais vous quitter, fit-il résolument, si vous hasardez encore de ces mots-là.

La fin de la récréation tira l'enfant d'un grand embarras ; mais, après la classe du soir, il se vit de nouveau accosté par ce même camarade. Une fois encore la conversation recommença pleine de gaieté ; puis le visage d'Alfred s'assombrit, et, à diverses reprises, l'enfant fit quelques pas à droite, pour marquer l'intention de se joindre au groupe de ses condisciples. Puis d'un ton ferme et sévère :

— Ecoutez, dit-il. Ne me parlez plus de tout cela; je serais obligé en conscience de vous signaler à M. le Supérieur.

Ils rentrèrent tous les deux dans un

groupe, et cette conversation ne fut jamais reprise.

Partout où il y a agglomération de jeunes gens, dans les écoles primaires, dans les collèges, parfois même dans les séminaires, il se trouve des cœurs gâtés qui éprouvent le besoin de verser leurs malsaines confidences dans des cœurs intacts qu'aucun souffle impur n'a déflorés. Le poison s'insinue goutte à goutte, et une sorte de mort morale est communiquée, s'il arrive que le pauvre confident n'ait pas cette fermeté, cette droiture de caractère qui imposent silence et font lâcher prise.

En la circonstance, Alfred fit preuve d'énergie ; mais qu'il eût agi plus sagement, s'il s'était pleinement conformé aux prescriptions du règlement, et ne s'en était pas tenu à des menaces insuffisamment préventives.

Il crut bien faire, et c'est là son excuse : peut-être espérait-il par ses conseils ramener au bien une nature mauvaise. Mais, hélas ! il n'y a jamais que des désavantages à ne pas signaler le loup dans une bergerie, ou que de coupables imprudences à vouloir l'apprivoiser.

§ XII.

Vers cette époque le chiffre des élèves de cinquième venait de s'accroître d'une unité. Un nouveau séminariste avait pris rang parmi mes jeunes disciples, dans la division des grands, où sa taille lui assignait naturellement une place. Quelques jours après son arrivée, il suivit ses camarades en promenade.

Leür division avait longé le Gravier, salué au passage la statue d'un célèbre séminariste, le poète Jasmin, et elle s'engageait sur un des trottoirs du Pont-Canal. Jeté sur ses vingt-cinq piliers massifs par-dessus la Garonne, ce pont a vraiment l'apparence d'une grande construction. Son eau coule verte, profonde, comme entre deux chemins de halage, tandis que, sous une des arches, le chemin de fer passe, rapide ou paresseux, avec des sifflements aigus et précipités, ou rauques et énervants. Assurément c'est l'une des curiosités de la cité, sinon la seule, encore visitée par les étrangers.

Et il n'est pas rare de trouver aux abords du pont trois ou quatre vieux agenais en train de faire leur visite quotidienne au *chef-d'œuvre*, comme ils l'appellent. Et pour peu qu'on prenne devant eux des airs admirateurs, ils vous font l'historique du Canal Latéral à la Garonne, qui se relie, sous les murs de Toulouse, au fameux canal du Midi, commencé en 1666 et achevé seulement en 1681. Puis ils racontent comment l'ingénieur Riquet, à qui on le doit, répondait aux objections les plus sérieuses, en montrant au milieu même de son parc une belle oie en plâtre, dressée sur un piédestal, avec ce proverbe en exergue sur le socle : *Mon oie fait tout !...* Et ce Pont-

Canal ! ah ! nos petits vieux ont pour lui presque des admirations d'auteur. Avec quel sentiment de fierté et d'amour ils disent : « Nous l'avons pourtant vu naître ! Ils étaient là, en 1839, au moment solennel où le fils du roi, le duc d'Orléans, une truelle d'argent à la main, présida lui-même à la pose de la première pierre. Depuis lors ils l'ont vu grandir, jour par jour, moellon par moellon. Ils ont vu le premier flot, qui a passé dans ce canal, et le premier bateau, qui est arrivé de Toulouse. Et ce qu'ils vous disent-là ils l'ont dit pour le moins, affirment-ils, à des milliers de visiteurs étrangers, tous ravis, tous enthousiastes.

Alfred ne dut pas donner à son nouveau camarade tous ces détails historiques ; probablement il n'avait jamais entendu débiter le boniment des petits vieux. Il prit la chose par un côté plus plaisant. Il se rappelait encore l'épreuve imposée à sa crédulité d'enfant naïf, lors de son premier pèlerinage à Bon-Encontre, et il crut qu'il pouvait à son tour user de son droit d'élève déjà ancien pour administrer à ce jeune néophyte le baptême des bords de la Garonne.

— Savez-vous bien, lui dit-il, que ce canal communique avec l'Atlantique et la Méditerranée ? Aussi ne saurait-on vous donner une idée de toutes les espèces de poissons qu'on y pêche chaque jour : aloses, esturgeons, truites des Pyrénées, morues de Terre-Neuve, requins de partout et baleines d'ailleurs ! En remonte-t-il beaucoup, comme ça, dites donc, dans les ruisseaux et les fossés de votre pays ?

— A peu près comme ici, répondit finement le nouveau camarade.

— Comment, reprit vivement Alfred, vous avez l'air de ne pas croire à la présence des baleines dans ce canal ! mais à quoi croyez-vous donc alors ?

— Tenez, continua-t-il , en montrant la maison éclusière; c'est là que se trouve un vaste réservoir où elles arrivent par un conduit reliant le canal à cette maison. Les couleurs rouges que vous apercevez, le long des murs, c'est tout simplement du sang de ces cétacés !... Avec leur fiel, on rend la vue à tous les aveugles, suivant le procédé indiqué par l'ange Raphaël au jeune Tobie...

N'ayant pu réussir à amener la conviction dans l'esprit de son condisciple, Alfred dut s'avouer que son éducation de conteur gascon était encore bien incomplète. La promenade fut cependant bien gaie, grâce à son entrain et à l'agrément de sa conversation.

On rentra par la passerelle, pont suspendu d'une seule travée de 170 mètres.

§ XIII.

« Ma chère maman, écrivait-il le soir même à sa mère, nous revenons de nous promener agréablement sur le bord du Canal ; mais nous ferons, presque tous, une promenade bien plus agréable, jeudi prochain, jour de congé... Allons-nous nous revoir ce jour-là ?... Si tu le veux bien, faisons chacun la moitié du chemin, à la rencontre l'un de l'autre. Allons passer cette journée au Port-Sainte-Marie, chez Marraine... »

Mme Ladonne donna facilement son assentiment à ce petit projet de son fils ; mais, au jour dit, elle ne put, à son grand regret, se rendre chez sa mère. Ce fut une déception pour Alfred qui du reste débarqua au Port-Sainte-Marie, sans cette joie rayonnante, extérieure, communicative, qui avait marqué, au premier de l'an, sa visite à Gontaud. Il se montra cependant très affectueux, très caressant pour sa grand' mère, mais il mangea peu et refusa de sortir de la journée.

— Tu es malade sûrement, mon Alfred, répétait sa grand' mère.

— Mais non, marraine, mais non sûrement, répondait-il.

— Allons, tu ne rentreras pas ce soir.

— Je rentrerai, marraine, parce que le

congé n'est que d'un jour, et que tous les autres rentrent ce soir....

— Mais les autres ne sont pas malades... nous allons écrire à M. le Supérieur...

— Non, marraine, non ; je rentrerai.

Le soir venu, sa grand'mère l'accompagna jusqu'à la gare.

— Adieu, marraine! dit-il ; et il se jeta dans ses bras, affectueusement, l'embrassant longuement, oubliant que le train était là, et déjà allait se mettre en marche.

— Mais reste alors, fit-elle vivement.

— Non, non, je pars ; adieu, marraine.

Il n'eut que le temps de monter en wagon ; la machine s'ébranlait.

Le lendemain, vendredi, 1er mars, quand il descendit du dortoir, il boîtait légèrement, imperceptiblement de la jambe gauche. Quelques-uns de ses condisciples ont même rapporté que deux ou trois jours auparavant il s'était déjà plaint de quelques douleurs au genou.

Pendant la récréation du matin, un de ses amis, presque un de ses compatriotes, le voyant appuyé, immobile, à un des piliers du cloître, lui demanda, avec un vif intérêt, s'il se sentait malade.

— Je ne sais, répondit Alfred ; mais je ressens de vifs élancements dans ma jambe gauche.

— Vous êtes si malade, reprit son ami, que si le docteur vous proposait d'aller passer quelques jours à Gontaud, vous ne sentiriez plus rien !

— Oh ! alors, fit Alfred, en esquissant une gambade, je serais vite guéri.

En classe, sa physionomie ne trahit point la souffrance ; il récita bien ses leçons, et, comme toujours, écouta l'explication des devoirs avec une attention remarquable. Néanmoins pendant la dernière récréation de la journée, quelques condisciples qui avaient remarqué une lenteur peu ordinaire dans sa démarche, l'engagèrent d'un mot rapide, indifférent, à consulter le docteur le lendemain matin.

— Oui, répondit Alfred, je profiterai de sa visite, demain, pour savoir ce qu'il peut y avoir de disloqué dans ce genou....

— Allons, lui cria-t-on à l'instant, faites passer la balle.

— Oh ! pas de la main à la main ! fit-il, ce n'est pas mon habitude !... A distance, s'il vous plaît ; et parez le coup !. .

— Bien touché! crièrent plusieurs voix.

— Par ici la balle, par ici ! disait on d'un autre côté.

— Ne tirez pas si fort ! fit un camarade des plus petits.

— Maladroit ! s'exclama un autre.

— Vraiment ! se récria l'élève ainsi apostrophé ; laissez-moi rattraper la balle : vous allez voir!

— Inutile ! dit un autre qui avait été visé ; vous manqueriez les arbres dans une forêt !

Et la balle courait, volait, frôlait les habits, frappait en pleine poitrine ou venait s'aplatir au mur ! C'était plaisir de la voir aller dans ces mille mouvements brusques, rapides, avec de petits et faux airs de balle meurtrière.

Successivement la récréation, l'étude du soir, la journée elle-même s'étaient achevées, suivies pour tous les élèves du repos bienfaisant d'une longue nuit. Du moins elle parut longue à Alfred, que les élancements douloureux, dans son genoux, tinrent longtemps éveillé. Au matin, avec un effort de virile volonté, il put suivre les premiers exercices du jour, sans rien laisser paraître, sans rien avouer de sa souffrance.

On était alors au samedi, 2 mars 1889. Je retrouve à cette même date, enregistrés avec soin dans un grand cahier, qui est mon garde-notes et mon journal. les détails des événements qui se succédèrent alors, si soudains, si imprévus, si cruellement rapides.

§ XIV.

Samedi, 2 *mars* 1889, 9 *h. du soir.*

Un de mes élèves, le petit Ladonne, est malade. Il souffre de fréquents élancements, de violentes piqûres dans son genou gauche. Heureusement le docteur a jugé le cas sans gravité.

Pour lui donner plus commodément des soins, on l'a installé dans la petite infirmerie qui était d'ailleurs inoccupée.

Dans son alcôve profonde, fermée d'un vulgaire rideau jaune, dans son lit de fer et ses draps bien blancs, Ladonne égrenait pieusement son chapelet, lorsque, à l'issue de la bénédiction du Saint-Sacrement, je suis allé le voir.

— Eh bien ! petit, lui ai-je dit ; qu'avez-vous si subitement ?

— Je souffre d'un genou, M. l'Abbé, m'a-t-il répondu, depuis deux jours ; et j'ai fini par ne pouvoir plus tenir debout.

— Mais ce ne sera rien, je pense, eh ! petit ?

— Peut-être, Monsieur, que ce sera grave.... On ne peut rien savoir... ça me fait bien mal !

— Allons, n'allez pas vous faire des idées noires, et supposer que vous êtes cloué là pour des semaines et des mois !. .

— C'est qu'il ne le faudrait pas, M. l'Abbé; mes condisciples prendraient joliment de l'avance...

Je l'ai quitté, en le grondant de se mettre en tête ces préoccupations ; et il m'a promis de n'y plus penser. La nuit va le reposer, les émollients appliqués au genou malade feront le reste ! et demain ou après-demain il quittera l'infirmerie, pour se remettre à son travail.

Dimanche, 3 Mars 1889, 11 *h. du matin.*

Je reviens de visiter mon malade ; il ne m'a pas paru bien du tout.

Au matin, la sœur Saint-Martial lui a demandé comment il avait passé la nuit.

— Bien mal, je n'ai pas dormi ! a-t-il répondu.

— Mais souffrez-vous davantage, Monsieur ?

— Oh ! oui ma sœur, bien plus qu'hier.

— Ne pourrez-vous aller à la messe, aujourd'hui dimanche, premier jour de l'oraison des Quarante Heures ?

— Je ne crois pas, ma sœur : mon genou ne me soutiendrait pas.

Et, prise d'inquiétude, balancée entre son devoir d'infirmière qui est de traiter, avec la plus grande prudence, les cas les moins graves en apparence, et son autre devoir de religieuse qui est, lorsqu'il n'y a pas d'imprudence à cela, de faire entendre la messe, le dimanche, à ses malades, la bonne sœur est allée prier M. le Supérieur de fixer son hésitation.

— Envoyez prendre M. le Docteur, on verra ensuite, a décidé M. le Supérieur.

Revenue auprès du malade, la bonne sœur lui annonce la prochaine visite du docteur.

— Oh ! que je souffre ! ma sœur, répond l'enfant, vous ne pouvez pas savoir combien je souffre !

Quelques instants après, M. le Docteur, qu'on avait heureusement trouvé chez lui, se présentait, examinait le genou malade, et, le trouvant gonflé, ordonnait la pose des sangsues.

De messe, il n'en a même pas été question. Ce mal subit est bien énigmatique ; et l'homme de l'art lui-même a déclaré qu'il ne saurait encore donner un nom à ce genre de maladie. Mais l'enfant est presque dans un état de prostration; cependant il ne s'est alité qu'hier au soir. Que sera-ce? J'avais cru à une entorse, ou à une foulure, ou à un épanchement de synovie. Il paraît que sûrement c'est autre chose. L'imagination du malade en est même vivement frappée.

— Tout à l'heure, M. l'Abbé, m'a dit la sœur infirmière, il m a exprimé un sentiment, qui m'a fait peur! « Je souffre, ma sœur, m'a-t-il dit; ce ne sont pas les sangsues qui me font mal, c'est mon genou.... si encore je pouvais me sauver!.... Une fois déjà j'ai été sauvé par la Sainte Vierge, mais cette fois... oh! non. »

Quand je l'ai vu moi-même, il a essayé de sourire. La sœur m'a dit qu'il souriait ainsi avec tout le monde.

— Eh bien ! petit, qu'avez-vous donc ?

— M. l'Abbé, je puis dire que j'ai des sangsues sur le genou.

— Si ce n'est que cela, ai-je repris, vous serez bientôt délivré.

—Oh ! oui ! a-t-il ajouté, les sangsues partiront et le mal restera !

Je reviendrai le voir, cet enfant ; son état me frappe vivement ; j'ai des inquiétudes, des pressentiments troublants; il me flotte dans la tête, avec de lourds battements d'ailes, comme un essaim de petits êtres, méchants et bizarres, ainsi qu'on en voit dans les rêves pénibles ; et il me semble entendre le chant sinistre et glacial des oiseaux nocturnes sur les tombeaux. J'ai besoin d'aller prier Dieu.

Même jour, 9 h. du soir.

La surprise grandit avec les inquiétudes. Mais hier encore cet enfant prenait une part animée aux jeux de la cour. Et le voilà, pour une simple douleur dans un genou, entièrement abattu, dévoré par une fièvre ardente.

Depuis le matin il demandait une nourriture quelconque ; et ce soir, après les vêpres, lorsqu'on se disposait à satisfaire son désir, on s'est aperçu que la température de son corps était de 40°.

— Alors, a demandé l'enfant, faites venir M. le Supérieur.

Par intervalles rapprochés, on a pu aussi constater le délire.

— M. le Supérieur, a dit l'enfant, je suis bien malade, faites, je vous prie, venir ma mère ; c'est qu'elle n'a que moi, et moi je n'ai qu'elle.

— Oui, oui, mon petit ami, je vais lui écrire, lui a répondu, M. le Supérieur; mais en attendant son arrivée, laissez-vous bien soigner, afin qu'elle vous trouve guéri.

Puis se tournant vers la sœur infirmière, tout bas, M. le Supérieur a ajouté : — « Envoyez prendre M. le Docteur sur le champ. »

Le médecin a ordonné une potion calmante, et on s'est installé maintenant pour passer la nuit.

La communauté a suivi aujourd'hui bien exactement les exercices des oraisons des Quarante Heures. Aucun des élèves ne se doute qu'un de leurs camarades souffre beaucoup. Ils dorment maintenant bien tranquilles, rêvant encore de leurs parents, du toit natal, de leurs villages qu'ils ont revus jeudi dernier. Anges, gardiens de leurs jeunes âmes, gardez-les bien !

Lundi 4 Mars 1889, 6 h. du soir.

La nuit a été mauvaise ; l'agitation de l'enfant était extrême.

Ce matin, le docteur a ordonné d'appliquer au genou malade d'autres sangsues. Cependant on n'a pas encore su déterminer la nature du mal.

Vers une heure de l'après-midi, Mme Ladonne, dans un état de grande surrexcitation, et la voix toute tremblante d'émotion, s'est présentée à M. le Supérieur.

— Mon fils est perdu, M. le Supérieur? a-t-elle demandé avec un accent bref, saccadé, désolé.

— Madame, a répondu M. le Supérieur, votre fils, est alité depuis avant-hier seulement. Il souffre d'un genou assez violemment; mais il n'y a là, je crois, aucun cas de gravité.

Quelques instants après, la mère serrait son enfant dans ses bras.

— Pauvre mère, disait Alfred, pour qui sa joie brusque, immense suspendait un instant le sentiment de la douleur; petite mère, j'avais peur que tu ne viennes pas! oh! ta main, maman; c'est doux ta caresse!

Et l'enfant, saisissant les mains maternelles, les couvrait de baisers Quelle douce soirée, il a passée, le cher petit! on croirait que la présence de sa mère était le remède à son mal.......

Oh! je le sens moi-même, ce doit être

bien doux la main d'une mère, sur un front brûlant de fièvre; comme des yeux fatigués d'insomnie se doivent reposer avec satisfaction et délassement sur ses yeux maternels, remplis de l'amour le plus tendre et le plus dévoués ; comme le breuvage, qu'une mère présente aux lèvres décolorées de son enfant, doit être moins amer!... Je me souviens moi aussi j'avais une mère! Sa main était bien douce à son premier-né ; sa voix était suave, et ne grondait jamais; je jouais avec tant de confiance sur ses genoux! Mais un jour on m'habilla tout en noir, on joignit dévotement mes petites mains, on les éleva vers le ciel, et l'on apprit à mes lèvres et à mon cœur à crier vers Dieu, dans mes prières quotidiennes: « Seigneur, donnez-lui le repos éternel! » Depuis, quand ma tête s'est penchée sous le poids de la douleur ou des peines... oh! depuis.... depuis....

Mon Dieu, gardez leur petite mère aux petits enfants !

Mardi 5 Mars, 8 h. du soir.

C'est vraiment touchant les paroles que notre malade adressait, hier au soir, à sa mère, dans une demi-lucidité.

Il était 9 heures; les sœurs infirmières s'étaient retirées; tout était silencieux; et la lueur d'une bougie ne jetait aux grands murs que l'ombre tantôt agrandie, tantôt rapetissée, toujours mouvante d'une mère, attentive à satisfaire les désirs de son fils souffrant.

— Maman, demanda l'enfant, sommes-nous seuls? Ces dames ne sont-elles pas là?

— Nous sommes bien seuls, mon chéri.

— Et pourquoi donc, maman, n'y a-t-il pas quelqu'un? Si j'étais plus malade cette nuit...

— Mais, mon enfant, le domestique qui t'a veillé, la nuit dernière, repose là, dans la chambre à côté. Calme toi.

— Eh bien! maman, approche ta tête de

la mienne, plus près, maman, plus près encore... Que tu es donc bonne ! Que c'est doux les embrassements d'une bonne mère comme toi.

Un peu plus tard dans la nuit, l'enfant eut un frisson soudain.

— Mère, fit-il, es-tu là ?

— Me voici, Alfred ; tu ne peux donc pas dormir ?

La voix du jeune malade prit alors un accent presque solennel, mais violent et coupé de longs silences.

— Vois-tu, maman... il faut que je meure! Récite pour moi un acte de contrition.... fais une prière à mon ange gardien !...

Puis sa parole devint mélancolique et rêveuse.

— Moi, qui suis ce qui faut. .. tandis que d'autres !... eh bien ! il faut que je meure !

Sa malheureuse mère le regardait à travers ses yeux tout obscurcis de larmes ; chacune des paroles de son fils était un dard acéré, enfoncé, retourné dans son cœur saignant. Elle essaya de le calmer ; et l'enfant s'assoupit quelques instants.

Ce matin, fête de l'oraison des Quarante Heures au Petit Séminaire, Ladonne a reçu la sainte communion dans son lit Il était comme confus de l'extrême condescendance de Jésus viatique, venant à ceux qui ne peuvent aller à Lui. Avec quel bonheur il se serait présenté, mêlé à ses condisciples, à la table sainte de la grande chapelle, à quelques pas seulement de l'infirmerie. C'est au bruit des cantiques de la messe de communauté, qu'il a fait son action de grâces.

Du Port-Sainte-Marie, sa grand'mère était arrivée, un moment à peine, avant cette pieuse communion.

— Mon Dieu, mon Dieu, a-t il dit, en l'apercevant, voilà Marraine!... Oh! elle vint ainsi près du lit de mon pauvre père mourant.

— Elle est précisément arrivée, disait-il après son action de grâces, presque à l'instant de ma communion. Cela lui aura fait de la peine... Elle est bien chrétienne, mais vous savez, ces cérémonies font toujours impression...

Dans la soirée, M. le Docteur a réclamé l'assistance du second médecin de la maison, qui n'est actuellement pas de service.

Espérons qu'à eux deux ils sauront enfin déterminer la nature du mal, et en circonscrire et arrêter les progrès. Car il est visible que l'état de prostration s'accentue; et la souffrance augmente d'intensité. Il semble même que la douleur se propage à tout le corps. Est-ce les os qui sont endoloris ? est-ce les jointures qui se raidissent, les nerfs qui se contractent, et deviennent des points douloureux ? Toujours est-il que l'enfant souffre dans chacune des parties de son corps, qu'on touche ou qu'on déplace. N'est-ce point là un symptôme alarmant ? Le mal, localisé d'abord dans son genou, se répandrait-il déjà dans tous les membres ?

Et c'est grand'pitié de voir ces deux dames en pleurs, la mère et la grand'mère, muettes de stupeur et de crainte, assidues pourtant aux soins qu'exige l'état du « petit Alfred, » comme elles l'appellent. On croirait voir deux ombres affligées, errant autour d'une couche funèbre, et déjà inconsolables !

Est-ce donc que ce serait possible cela? Est-ce que Dieu pourrait nous prendre cet enfant, pieux séminariste et bon élève? et nous le prendre ainsi, après quelques jours de souffrance, nous le prendre pour ainsi dire tout vivant !

Seigneur, vous ne frapperez pas ce coup de foudre; vous garderez ce fils aimé à ses parents, ce frère plus jeune à ses maîtres et à ses condisciples : nous tombons à genoux, pitié mon Dieu, pitié !

Mercredi des Cendres, 6 *Mars* 1889,
6 *h. du soir.*

Un gros évènement a marqué cette journée.

Ce matin les deux médecins de la maison se sont présentés à huit heures. M. le Curé de Gontaud venait d'arriver, au moment même, auprès de notre malade.

Le plus jeune docteur, qui a déjà vu un cas semblable, trace à l'encre, sur le genou enflé, une ligne fermée. « Le mal esl là ! » dit-il.

Puis sur le cahier registre de l'infirmerie, il écrit : « Ostéo-myélite..... et délire. »

Ces Messieurs ont conféré ensemble quelques instants : une opération immédiate a été jugée nécessaire.

— Ecoute, maman, a dit alors l'enfant, il ne faut pas que tu restes là ; on ne veut pas m'endormir ; ça te ferait trop de peine de m'entendre crier.

Il s'est fait donner sa veste, y a pris une pièce de cinq francs et avec un sourire d'une expression sereine et enfantine : « Tiens, maman, a-t-il ajouté, voilà un gros sou pour que tu consentes à t'en aller !... »

Admirable présence d'esprit dans un état de délire presque continuel ! sentiment délicat jusque dans sa traduction naïve ! Que cet enfant est donc intéressant !

L'opération a été longue et douloureuse. La lame d'acier, fine, rapide, taillait en plein dans les fibres vivantes ; et le pauvre petit jetait les cris de la douleur la plus intense. C'était à fendre le cœur. Un de ces cris de violente souffrance a été particulièrement déchirant et prolongé. Un des directeurs tenait alors la tête de l'enfant. « Oh ! Monsieur l'abbé, lui disait quelques instants après, le pauvre patient, tandis qu'on bandait sa profonde plaie, il a été si long ce cri, que je pensais que ce serait le dernier!... Et mon pauvre Curé, qui n'a pas pu assister à toute l'opération ! Je criais trop fort, n'est-ce pas ? ça lui aurait fait trop de mal ! »

— Ah ! oui, riposte alors le jeune docteur, vous lui ferez mon compliment à votre curé, il n'a pas de courage du tout!

— Comment, M. le Docteur, réplique l'enfant ; il n'a pas de courage? C'est que mon curé m'aime, voilà ! ..,

Pendant ce temps, dans les larmes et l'anxiété la plus poignante, la mère et la grand'mère du jeune malade, avaient été conduites dans une salle éloignée de l'infirmerie. Quelques religieuses, en proie elles aussi à l'émotion la plus vive, leur tenaient compagnie. Travaillées, surrexcitées par les nerfs, pendant cette longue attente, ces dames pensaient à tout moment entendre des cris de douleur, des appels aux secours, et volontiers elles se seraient précipitées pour arracher leur enfant des mains du chirurgien, qu'on croit ordinairement cruel, insensible, sans entrailles.

Lorsque l'enfant s'est vu de nouveau entouré des personnes le plus tendrement aimées, il a eu un sourire étrange.

— M. le Curé, a-t-il dit, le médecin m'a ordonné de prendre une multitude de petits verres de Champagne ! Il m'a même dit, comme cela : « Il faut, mon petit jeune homme, que vous vous enivriez ! » Mais c'est très mal cela !

— Oh ! je te donne bien la permission, a répondu M. le Curé, parce que c'est pour ta guérison.

— Allons, tant mieux, a fait l'enfant. Et vous allez rentrer à Gontaud. Je comprends bien que vous ne pouvez pas rester. Vous direz à Sylvain que je lui souhaite le bonjour... Comme il serait heureux d'être à ma place pour boire les petits verres que je vais prendre !

Là-dessus, l'attention du malade, longuement tenue en éveil pendant la douloureuse opération et les quelques instants qui l'ont suivie, s'est de nouveau perdue dans un délire presque continuel. Chaque fois cependant qu'on le rappelle à la réalité, il a une série de pensées lucides.

On a écrit à Lourdes pour demander sa guérison à la Vierge Immaculée.

—Si le thermomètre baisse, avaient dit les docteurs en partant, cette première opération suffira.

Vers trois heures de l'après-midi, le thermomètre appliqué à l'enfant a marqué une diminution d'un degré et demi.

Peu après la lucidité revient, et l'enfant demande à voir quelqu'un de ses condisciples de classe. On se hâte de satisfaire son désir.

— Bonsoir, Gaston, fait joyeusement le

malade, en voyant près de son lit un de ses condisciples et amis. Comment allez-vous ?... comment vont les autres ? quel devoir avez-vous pour ce soir ? Fait-il bien beau dehors ?

Et répondant à une interrogation de son condisciple :

— « Moi, ajoute-t-il, je ne vais pas bien... priez pour moi ;... je ne sais pas si je reviendrai jamais en classe !...

A six heures, quand les docteurs sont revenus visiter leur malade, la fièvre avait repris.

— Il n'y a pas de temps à perdre, a déclaré le jeune chirurgien, qu'on appelle un troisième docteur, et que tout soit disposé pour une opération plus sérieuse. Je ne crains qu'une chose c'est que ce soit trop tard.

Et ils sont partis, promettant d'être là vers 9 heures du soir.

Reste maintenant à faire consentir Mme Ladonne à cette seconde opération. Elle a catégoriquement refusé d'en accorder l'autorisation demandée.

—Vous ne pouvez cependant, Madame, lui ont dit les docteurs, nous empêcher de tenter un dernier moyen pour sauver votre fils!

Je vais moi-même lui représenter quels remords accablants elle se préparerait, par un tel réfus, pour le reste de ses jours, si l'enfant venait à disparaître.

Et cependant, voilà que nous nous demandons déjà si le retour à la santé, si la guérison est chose possible! Mais c'est affreux, cela! .. Alors c'est qu'il va mourir, ce cher enfant, alité depuis trois jours! Faudrait il, mon Dieu, à votre justice une victime sainte, expiatoire? Que plutôt nos supplications apaisent votre colère; soyez-nous clément, ô Dieu bon, et que les prières de Marie Immaculée désarment votre bras!...

§ XV.

C'est sur ce cri jeté au ciel que se terminent mes notes de la semaine douloureuse.

L'émotion d'abord, puis le déchirement du cœur m'ôtèrent le courage de relater les détails des derniers jours. Mais ils sont là, dans ma mémoire, où ils remontent du fond du cœur, du fond de l'âme, toujours plus vivants, toujours plus précis, toujours plus grandis, pareils à des corps d'une moindre densité qu'une main s'obstinerait à refouler au fond de l'Océan, mais qui remontent toujours, portés au sommet des flots, relancés à la surface, avec d'autant plus de force qu'ils ont été refoulés plus avant.

Je les vois encore les docteurs-chirurgiens, dans leurs tabliers blancs d'opérateurs, et dans les multiples lumières qui remplissaient l'infirmerie, comme d'un vrai jour d'éclairage électrique.

L'enfant avait été endormi ; sa pauvre jambe malade pendait à demi, sur le bord du lit traîné au milieu de la salle. On enleva les bandages ; et, sans merci, la lame effilée, écartant les lèvres de la plaie, à travers mille filaments veineux ou artériels, atteignit le siège du mal. La chair n'adhérait plus à l'os :

le tibia fut perforé ; il en sortit un pus épais et verdâtre Le sang coulait des chairs ouvertes, et des commotions soudaines secouaient l'enfant de la tête aux pieds.

— Il doit énormément souffrir ? demanda quelqu'un.

— Du tout, monsieur, répondit un des docteurs ; parfois même le patient se met à chanter dans son rêve !

Tout à coup nous eûmes un frémissement dans tout le corps. Nous entendions les paroles d'un cantique à la Vierge, scandées par une voix cassée, toute sourde, comme étouffée sous terre, et, sur un rythme et une mesure alerte et animée, qui donnait froid à l'âme, la voix chantait..

Quelques instants après, on rebandait la plaie, et on poussait le lit dans son alcôve.

— Oh ! merci à tous, messieurs, cria l'enfant.

— Je te remercie, maman, disait-il peu après, quand on autorisa la pauvre mère à reparaître au chevet de son fils ; merci d'avoir permis cette opération.

Bientôt le délire revint, et dura la nuit entière. Pauvre enfant, il refusait de rester dans son lit, lui qui n'aurait su faire un premier pas ; lui qui souffrait jusqu'aux cris de douleur quand on soulevait son épaule. Oh ! quelle affreuse nuit ! quelles incohérences de paroles ! des monts, des précipices, des campagnes fleuries, des masses d'eau surtout ! Et ses bras soulevaient avec efforts ses couvertures. Partir pour Gontaud, était une idée fixe, permanente, toujours exprimée, de ses instants de sommeil et de ses heures d'insomnie ! Quand le jour reparut, la respiration était saccadée, irrégulière, mais la voix était encore puissante.

Les docteurs revinrent vers 10 heures ; « l'état de la plaie était très satisfaisant, mais l'état général était alarmant, le mal avait fait des progrès imprévus et d'une extrême gravité. »

Ce sont ces paroles qu'il fallut répéter, sur un ton moins cruel, moins affirmatif à la pauvre mère et à la grand'mère désolées.

A partir de ce moment, Mme Ladonne

sentit son cœur brisé ; l'énergie, la volonté l'abandonnèrent. Une sorte de défaillance morale lui enleva le sentiment de ce qui se passait autour d'elle, en même temps qu'une répulsion secrète l'écartait de ce chevet de mourant, où cependant l'amour maternel l'avait retenue jusque-là, nuit et jour. Cette âme, profondément atteinte, accablée, déchirée en deux par la violence du coup, s'affaissa subitement, se replia sur elle-même ; et l'on vit cette mère se retirer tout entière dans sa douleur et ses angoisses.

« Je vous confie mon fils, dit-elle ; soyez-lui bon ; tenez ma place auprès de lui. Je ne puis pas le voir mourir ! »

Dans le désert aride et désséché, Agar se détourna ainsi de son fils mourant. Et qui donc, loin d'oser jeter un blâme, n'a accordé un sentiment de pitié attendrie, de douloureuse compassion à la mère d'Ismaël ?

Les docteurs allaient se retirer.

— Messieurs, leur demanda-t-on, y a-t-il encore espoir ?

— L'enfant ne vivra pas vingt-quatre heures, répondit le plus jeune docteur.

Nous étions là un groupe de professeurs, d'âges divers, mais enfin tous à l'âge d'homme. Un nuage passa sur nos yeux, et nous cherchâmes un appui à nos mains, pour ne pas chanceler. La réponse du docteur nous avait frappés en plein cœur, avec la lourdeur d'un marteau retombant sur un métal malléable. En ce moment nous comprîmes pourquoi les médecins ne font jamais de semblables aveux au père ou à la mère de l'enfant qui va mourir.

A onze heures, on alla prier M. le Curé de la paroisse de Sainte-Foy de venir conférer le scapulaire du Mont-Carmel à notre jeune moribond.

Les forces de l'enfant diminuaient avec une foudroyante rapidité.

Ses yeux se fermaient pendant deux, quatre ou cinq minutes : c'était un état de somnolence, de suspension de sentiments, un état d'inconscience absolue. Puis soudain les yeux se rouvraient, le malade articulait quelques paroles, acceptait à boire, mangeait parfois une petite tranche d'orange, et, chose remarquable, n'omettait jamais de remercier, avec un véritable accent de reconnaissance et de politesse. C'était quelques rapides instants de lucidité qui pouvaient cependant se prolonger, si on attirait fortement l'attention du malade

Mgr Cœuret-Varin, prévenu de ce danger extrême, accourut, mu, guidé par son affection paternelle. C'était bien un de ses petits Benjamins qui allait quitter la terre; comment serait-il parti, ce cher enfant, sans la bénédiction du père de la famille lévitique? Sa Grandeur voulut même administrer, de ses mains, au jeune malade, le sacrement de l'Extrême-Onction ; et l'enfant, arraché quelques instants à sa somnolence, répondit d'une voix affaiblie, mais distincte, aux touchantes prières du sacrement.

Quelques instants après, on lui demanda s'il aurait quelque joie à recevoir la Sainte

Communion. Ses yeux presque éteints eurent un rayon de vie ; et, d'une voix à peine perceptible, il supplia qu'on lui procurât ce dernier bonheur.

Il se confessa dans les sentiments de la plus édifiante piété, et trouva, après l'absolution, assez de forces pour remercier son confesseur.

— Merci, dit-il, M. l'Abbé, de vos bonnes paroles, de votre petite morale.

Quand on déposa la sainte hostie sur ses lèvres décolorées, l'enfant pleurait d'attendrissement. On récita pour lui, à haute voix, les actes d'actions de grâces.

Au retour de leur promenade habituelle du jeudi, les condisciples d'Alfred apprirent l'état désespéré de leur jeune camarade. Un silence morne, glacial, plana ce soir-là, sur cette cour du séminaire, d'ordinaire si bruyante, si gaie. Les élèves causaient par groupes, et causaient tout bas, avec des émotions dans la physionomie et dans la voix.

Quelques heures plus tard, vers la nuit,

une modification se produisit dans l'état du malade. Une agitation soudaine et continuellement délirante succéda à son état d'affaissement et aux quelques moments de lucidité, qui coupaient son sommeil d'inconscient. Sa voix prit une intonation forte, aigre, irritée. L'ovale du visage s'était fermé et allongé ; et il y avait dans ses grands yeux caves, cernés d'une ligne bleuissante de chair meurtrie, une expression étrange.

M. le Curé de Gontaud, prévenu le matin par télégramme, entra dans l'infirmerie en même temps que MM. les docteurs. D'un seul regard il mesura les progrès accomplis par le mal dans l'espace de deux jours

« C'est fini ! », murmurèrent les docteurs à son oreille.

— Mais, messieurs, dit vivement M. l'abbé Jacomy, on n'abandonne point ainsi un malade de quatorze ans. Il peut encore y avoir de la vie dans ce jeune corps. Que faire ? Et que voulez-vous...

Il n'acheva point d'exprimer sa pensée ;

mais l'accent de sa parole était assez expressif : C'était un appel à tous les sentiments des hommes de l'art.

— En conscience, répondirent messieurs les docteurs, émus eux aussi de l'émotion du vieux prêtre, nous nous refusons à faire quoi que ce soit.

Le visage de M. l'abbé Jacomy eut une expression d'immense douleur ; ses bras retombèrent inertes, et il pleura abondamment.

Sur son lit de souffrance, dans un constant délire, Alfred faisait bien peine à voir. Ses pauvres jambes, naguère si déliées, si rapides à la course, maintenant presque froides, étaient allongées dans une immobilité de cadavre ; ses grands bras s'agitaient dans des mouvements tantôt lents, tantôt précipités ; et sur ses draps, tout en avant, ses mains couraient, comme à la recherche d'un objet insaisissable. Peut-être cherchait-il quelque chose qui le rattachât à l'existence fugitive.

— Oh ! quels affreux signes précurseurs

de la mort ! murmura M. le curé de Gontaud.

Nous tendîmes nos mains à ses mains ; il les saisit, puis les laissa aller pour chercher encore. Et ce fut pour nous tous une poignante angoisse, de penser que l'enfant avait conscience de notre impuissance à l'arracher aux étreintes de la mort.

Vers le milieu de la nuit, un de ses bras, retombé tout le long de son corps, ne bougea plus. De quart d'heure en quart d'heure, un instant de demi-lucidité se manifesta de nouveau ; le malade roulait ses grands yeux et prononçait quelques paroles ; on profitait de ces moments pour lui offrir à boire comme l'avaient recommandé les docteurs.

Au matin, les deux bras étaient étendus, immobiles sur les draps bien blancs ; mais la tête en feu s'agitait dans des mouvements de droite et de gauche précipités, rapides, affolés ! Ce sang, ce pauvre sang vicié, empoisonné, atteignait les lobes cérébraux. Un moment, l'enfant rouvrit les yeux ; je me penchai :

— Petit, lui dis-je, ne me dites-vous rien !

— Oh ! bonsoir, M. l'Abbé !... prononça-t-il distinctement d'une voix expirante.

Vers huit heures encore, il y eut un instant de réveil.

— Mon bon petit, encore un mot !... lui demandai-je.

Alfred fixa ses yeux sur les miens, et il eut un sourire d'ange.

Une parole, un souffle, à peine perceptible, arriva jusqu'à nos oreilles.

« Au revoir ! » avait murmuré l'enfant, et ses lèvres s'étaient refermées muettes.

Pauvre enfant, quelle suprême lueur d'intelligence avait donc illuminé son âme, dans cette dernière phase de l'agonie ? Quelle force de sentiment ne lui avait-il pas fallu pour traduire son adieu d'affection, de reconnaissance, de très chrétien espoir ?

— Au revoir, petit ami !.,. Au revoir, Alfred !... se hâtèrent de répondre les personnes présentes.

— Au revoir ! mon pauvre enfant, devait dire plus tard, la malheureuse mère.

— Au revoir ! devaient répéter ses condisciples eux-mêmes, ne trouvant pas un autre mot d'adieu pour traduire leurs regrets, leur affection et leurs chrétiennes espérances de réunion au sein de Dieu.

Bientôt les efforts de respiration devinrent plus pénibles ; les lèvres se décoloraient, et l'absorption d'un peu de tisane, mêlée de rhum, n'y ramenait que pour un instant un peu de rougeur. On récita les prières des agonisants.

— Est-ce donc pour cela, M. le Supérieur, murmura-t-on, qu'on les connaît bons, de tels enfants, et qu'on les aime !...

M. le Supérieur n'aurait pu répondre, tant sa douleur était immense, tant les sanglots étouffaient sa voix.

On se pencha sur le lit du jeune agonisant.

— Enfant, quand vous verrez Dieu, souvenez-vous de votre mère, de votre marraine, de votre curé, de vos maîtres, de vos condisciples, des bonnes sœurs qui vous ont donné des soins

— Oui, Alfred, souviens-toi du Curé de Gontaud !... murmura d'un accent défaillant M. l'abbé Jacomy.

Une respiration plus longue, plus pénible que les autres contracta les lèvres du mourant ; un râle monta lent, prolongé, des profondeurs de cette poitrine pleine de sang...

— O mon Dieu, osa dire un de ses maîtres, abrégez ses souffrances !...

On entendit encore le bruit sourd d'une dernière respiration, et les lèvres d'Alfred se refermèrent pour jamais. Il était 10 heures du matin.

La terre comptait un ange de moins ; le ciel comptait un jeune saint de plus.

CHAPITRE IV.

ADIEUX ET PRIÈRES.

En quelques instants l'infirmerie s'était transformée en une modeste chapelle ardente ; et devant le corps inanimé d'Alfred dans son costume de séminariste, quelques professeurs priaient. Dans la demi-obscurité de l'alcôve, les saints flambeaux projetaient, sur les traits du pauvre enfant, leurs mouvantes lueurs. Les yeux étaient clos ; on n'apercevait entre les lèvres rapprochées qu'une ligne d'ombre vague et hésitante. Le teint avait des pâleurs de cire. Quelques médailles d'argent pendaient de son cou sur son cœur immobile et glacé ; ses mains passées dans un long rosaire, croisées sur le milieu du corps, serraient, de leurs doigts rigides, un crucifix de bois d'olivier, qu'il avait baisé si souvent et avec tant d'ardeur pendant sa maladie. Des fleurs d'or et d'argent, piquées aux bandes d'étoffe blanche qui drapaient les murs, reluisaient sous l'effet des lumières ; et sur une table couverte d'un linge de lin, une branche de buis trempait dans l'eau bénite.

Je m'approchai un instant pour relever un cierge penché. Un coup d'une violence extrême me frappa en plein cœur : je venais, me semblait-il, d'entendre une respiration pénible, demi-éteinte, sortant des lèvres pâles de l'enfant mort. Je m'approchai davantage, j'entendais encore. Précipitamment je tendis ma main vers sa bouche muette, ma tête toucha sa tête, et je ne perçus rien : Le dernier sommeil d'Alfred était bien le silence et l'immobilité même. Qu'est-ce donc qui m'avait communiqué cette étrange illusion d'un instant ? Sans doute l'habitude de n'approcher que des êtres vivants, et de percevoir toujours près d'eux des bruits de vie ou des gémissements de douleur.

On demanda à la mère si elle ne désirait

point aller embrasser son pauvre enfant mort.

Les yeux hagards, la face convulsée, elle répondit :

— Ah ! oui. . un bloc de marbre !... un peu de terre !... mais ce ne sera plus mon fils...

Et presque inconsciente, elle se laissa entraîner. Ce dernier baiser fut long, interminable et désolé. On détacha la malheureuse mère du corps inanimé de son enfant, et on la reconduisit dans une salle éloignée, sous la garde sympathique, attentive, de quelques religieuses.

L'annonce de la fatale nouvelle avait arraché bien des larmes aux élèves de la maison, condisciples et amis d'Alfred. On permit aux plus grands de venir une dernière fois revoir ses traits dont la mort respectait la douceur d'expression. Ce fut tout le jour un va-et-vient de pieux pèlerinage. Et quand le soir on songea à faire une collecte pour faire l'achat d'une couronne funéraire, souvenir d'affection, témoignage de regrets, il tomba de ces bourses, toujours si maigres de séminaristes, mais spontanément ouvertes, une somme d'argent relativement si considérable, si inattendue, que le collecteur pensa sérieusement à une restitution partielle. Seule la difficulté qui se présenta pour une semblable opération inspira de donner à cet argent un tout autre emploi. On consulta Mme Ladonne qui promit de parfaire la somme, et on décida l'achat d'une pierre tombale

Le lendemain, samedi 9 mars 1889, vers 9 heures du matin, l'office religieux des obsèques fut célébré dans la chapelle du séminaire. Dans cette nef où, huit jours auparavant, Alfred s'agenouillait encore, et priait pieusement, on porta une bière scellée, par le commissaire de police du sceau de la ville, et parée du drap blanc des défunts vierges. Les fronts vers l'autel, avec des larmes dans la voix, les condisciples d'Alfred criaient vers Dieu : « Seigneur, donnez-lui le repos éternel : ouvrez ses yeux à l'éternelle lumière.... pardonnez-lui, miséricordieux Jésus.... » Et les têtes s'inclinaient suppliantes, et ce chant avait des accents de solennelle et touchante prière.

Le prêtre sembla donner la réponse d'en haut, l'annonce que la supplication était exaucée. Un rayon d'espérance, de consolation, brilla dans tous les regards quand la voix de M. l'abbé Jacomy, marquant davantage par sa sensible et profonde émotion le sens de la préface des morts, chanta devant Dieu : « La promesse d'une future immortalité console notre foi. Pour vos fidèles, Seigneur, la vie est changée, mais non détruite ; et, lorsque est dissoute ici-bas notre terrestre demeure, dans les cieux vous nous faites une habitation éternelle... »

Les dernières prières de l'office divin montèrent vers le ciel, et le prêtre bénit la dépouille mortelle d'Alfred.

Dans la cour une voiture, espèce de fiacre omnibus, attendait à la manière des corbillards, le funèbre cortège. Péniblement on hissa le cercueil sur l'impériale du véhicule, et, dans leur costume noir ou dans leur blanc surplis, les élèves du séminaire franchirent, sur deux files, le seuil de la maison, au chant lent, processionnel du *Benedictus* La voiture suivait au pas de ses deux chevaux, et c'était grand'pitié de voir marcher, derrière ce corbillard de longue course, la mère, la grand' mère d'Alfred, M. le curé de Gontaud et un professeur du pauvre enfant.

Parvenu à la hauteur du Pont-Canal, devant la croix placée au pied même du coteau de l'Ermitage, le cortège s'arrêta ; les quatre personnes qui formaient le deuil prirent place dans l'intérieur de la voiture ; puis les rangs s'écartèrent, et, silencieux, immobiles, les élèves du séminaire saluèrent pour la dernière fois ce pauvre Alfred Ladonne, leur ami à tous, leur frère aimé et sincèrement regretté !

Une toile grise, grossière avait été tirée sur le cercueil, et sur les couronnes et les fleurs qu'on avait déposées, tout en haut de ce corbillard improvisé. Aussi la funèbre voiture franchit-elle les hameaux et les bourgs, sans exciter le moindre intérêt, sans éveiller la moindre curiosité attendrie.

— Pauvre enfant, disait M. l'abbé Jacomy en élevant ses mains vers la plate-forme du véhicule ; pauvre enfant, il désirait tant revenir à Gontaud... Oh ! ce n'est pas ainsi qu'il pensait opérer ce retour... c'est à nos côtés qu'il aurait eu tant de plaisir à se trouver, pendant ce trajet... Et le voilà sur nos têtes, immobile, muet, refroidi déjà et insensible !... Oh ! mon Dieu..., mon Dieu ! pitié pour lui, pitié pour nous !...

Et navrées, abîmées dans une indicible douleur, les malheureuses femmes pleuraient et sanglotaient, ne comprenant rien aux paroles de consolation que le vieux prêtre pouvait encore trouver au fond de son cœur brisé, pour relever leur courage si entièrement abattu.

Par-delà le village de Fauillet, en avant de Gontaud, sur cette belle route ombreuse où l'enfant avait fait de si gaies promenades avec son instituteur, parfois même avec sa mère, une vraie foule attendait, émue et silencieuse. Les religieuses avaient conduit les nombreuses fillettes de leur école, et quelques-unes de ces fillettes, vêtues de blanc, soutenaient par de longs rubans, des couronnes de fleurs et de verdure. Le maître d'école de Gontaud était là aussi, avec son adjoint et ses élèves endimanchés. Derrière ce jeune monde d'enfants, des jeunes gens des hommes d'âge mûr, des femmes en nombre couvraient au loin les bords du chemin.

Quand la voiture funèbre s'arrêta devant cette foule attristée, quand on eut descendu le cercueil couvert de son drap blanc, et qu'on l'eût remis aux pieuses mains des jeunes gens de Gontaud, la croix paroissiale prit la tête du cortège. Ce fut au milieu des marques les moins équivoques de sympathie et de condoléance qu'on s'avança sur deux rangs vers l'église.

Parmi les grands flambeaux, sur un catafalque, au cœur de la nef, on déposa le corps du pauvre enfant : C'était là tout ce qui revenait de lui, dans cette église de son baptême, de sa consécration à la Vierge, de sa communion première, de ses prières ferventes.

Avant l'absoute, le professeur du séminaire qui assistait aux funérailles, dominant sa douleur, retraça du haut de la chaire, en quelques mots, la vie édifiante d'Alfred, loin de la demeure maternelle ; il dit ses derniers moments, et invita ses jeunes camarades d'autrefois à se rendre souvent vers la tombe qui allait recevoir le précieux dépôt, comme on se rend avec confiance et piété vers un lieu de saint pèlerinage. Sans doute l'émotion du panégyriste était communicative : les sanglots de l'assistance montaient jusqu'à lui.

On quitta l'église, et le cortège se dirigea vers l'enclos des morts. Cette même population de Gontaud, moins nombreuse, moins péniblement émue avait suivi quelques années auparavant cet étroit chemin, bordé de haies, qui conduit au champ silencieux : Alors c'était le père du pauvre Alfred qui se couchait au tombeau.

La journée s'achevait lentement dans un soir frais, mais lumineux ; le soleil était sur l'horizon, les cyprès et les monuments tumulaires avaient des traînées d'ombre fantastiques.

Dans la fosse ouverte le cercueil disparut emportant la bénédiction du prêtre On jeta des fleurs, on jeta des couronnes ; puis on vit s'avancer un tout jeune homme, encore un enfant, le filleul de première communion qui avait mérité le choix du pieux Alfred. Il lut sur la tombe béante un adieu touchant, des paroles du cœur, célébrant les vertus de l'ami disparu, le priant de veiller du haut du ciel sur l'avenir, sur la vie honnête et chrétienne de tous ses anciens camarades de Gontaud.

Quelques poignées de terre, jetées sur le cercueil en souvenir affectueux, firent monter vers les vivants les voix lugubres de la fosse profonde.

La pauvre mère, dans un état d'abattement inexprimable, pouvant à peine pleurer, eut un cri puissant de cruel désespoir.

— Monsieur l'Abbé, rendez-moi mon fils ! cria-t-elle, en s'adressant au professeur du séminaire qui avait suivi Alfred jusqu'à sa dernière demeure.

Et ces paroles achevèrent de briser le cœur du maître de l'enfant Quel compte lui demandait-on ? N'avait-il pas rempli tout son devoir ? Qu'avait il omis pour disputer à la mort cette victime ?... Mais on ne lutte pas contre Dieu même, ou du moins on ne triomphe pas !

On pria un instant sur la tombe du père ; et on rentra dans la maison d'Alfred, située dans un quartier excentrique de Gontaud. Et il semblait à cette malheureuse mère qu'elle n'avait fait qu'un mauvais rêve, qu'elle entendrait bientôt, autour d'elle, la voix de son enfant, ou que son fils était toujours là-bas, au séminaire d'Agen, et qu'elle en recevrait, le lendemain sans doute, une lettre toute chaude d'affection et de baisers.

Le lendemain, les jours suivants, le facteur passait devant la maison, et la pauvre mère n'osait plus, comme autrefois, lui demander s'il ne lui arrivait pas des nouvelles d'Alfred ; mais elle tirait de leurs enveloppes froissées les lettres des mois précédents, et elle les lisait toutes jusqu'au bout, jusqu'à la signature paraphée : c'était toujours son fils bien vivant, pieux, tout aimant, annonçant des succès, communiquant sa joie de vivre dans son Séminaire.

Puis le rêve lugubre envahissait l'esprit, torturait le cœur de la pauvre femme. « Est-ce donc vrai !... pensait-elle... ; est-ce bien sûr ?... » Et désolée elle se précipitait vers le champ des tombes; et, agenouillée, étendue sur la froide terre, sur des bouquets et des guirlandes de verdure déjà fanés, la malheureuse mère versait ses plus amères larmes, frappait ce sol impitoyable qui lui dérobait la vue de son enfant... et jour par jour la réalité effroyable prenait plus de place dans son cœur. Le vide se creusait sans fond; tout but, tout point d'appui manquaient désormais à cette existence, et comme les regards s'attachaient trop obstinément à la terre, ne s'élevant pas assez vers le ciel, l'isolement et le désespoir prenaient les proportions de ces ombres gigantesques de noirs cyprès, que le soleil couchant allongeait si tristement, à l'heure où la fosse se refermait, avec de sourds et sinistres frémissements, sur le cercueil du pauvre Alfred.

Environ une semaine après ces funérailles si pleines de pleurs et de regrets, deux professeurs du séminaire d'Agen arrivèrent à Gontaud pour la célébration du service de neuvaine. Le même jour, à l'issue de l'office religieux, le monument funéraire qui devait s'élever sur la tombe d'Alfred, était apporté dans le cimetière de Gontaud. On procéda sans retard à son érection. La pierre tombale fut allongée sur le sol nivelé ; puis on dressa le petit monument, surmonté d'une croix ouvragée. Au centre on lisait ces mots que le temps effacera peut-être :

A
Alfred Ladonne
Séminariste
décédé le 8 mars 1889
âgé de 15 ans
sa mère inconsolable
et les maîtres et élèves
du Petit-Séminaire d'Agen
Souvenir de tendre affection.

— Oh! s'écria M. l'abbé Jacomy, en voyant se dresser ce petit monument de pierre, j'ai cru le voir se lever lui même dans son linceul et sa rigidité de cadavre !

A genoux sur la pierre froide et polie, les personnes présentes récitèrent quelques prières, et le silence se fit de nouveau sur ce champ des morts.

Pendant ce temps, au Séminaire d'Agen, les condisciples d'Alfred reprenaient le cours de leurs études et de leurs jeux. Mais ces enfants avaient éprouvé de sincères et profonds regrets ; ils avaient versé des larmes véritables, et plusieurs des plus tièdes des moins bons, s'étaient sentis secoués, ébranlés par ce coup de foudre, frappé à côté d'eux par la main divine : instinctivement ils avaient levé les yeux vers le ciel, et ils avaient prié avec plus de piété ; leur conduite était devenue plus édifiante.

— Nous n'avons pas eu de retraite, cette année, à la veille du Carême, disaient-ils eux-mêmes, mais nous avons cependant entendu la voix de Dieu : Elle est terrible !

En classe, ils demandèrent que la place d'Alfred restât inoccupée. On y dressa un crucifix d'argent sur bois d'ébène, et, quand vint le printemps, des mains amies souvent y déposèrent quelques fleurs. Chaque soir, à trois heures, au moment où la cloche invite les séminaristes à se recueillir, et à compatir aux souffrances du Christ sur la croix, toutes les voix récitaient un *De Profundis* pour le condisciple disparu.

Le souvenir d'Alfred planait sur toutes choses dans cette maison où il avait passé, si aimable camarade, élève si appliqué, enfant si pieux. Et dans leur affection, qui allait plus loin que la tombe, ses condisciples se redisaient ses qualités de cœur, d'intelligence, de caractère. Ceux qui l'avaient connu plus intimement racontaient quelques traits gracieux de son enfance, ou quelque acte édifiant de sa vie de séminariste. Et ces récits, avidement écoutés, étaient pieusement recueillis. Sa mémoire en devenait de plus en plus aimée et vénérée ; et elle garda plusieurs esprits de bien des écarts ; elle inclina naturellement des cœurs à une plus tendre piété, à un sentiment plus respectueux de la discipline, à une plus vive reconnaissance envers les maîtres, à un amour plus ardent de l'étude.

Et l'année scolaire s'acheva paisiblement pour tous ces jeunes séminaristes, devenus plus sensiblement pieux, travailleurs, dociles. Le souvenir d'Alfred leur avait été salutaire.

Pendant les vacances quelques-uns d'entre eux se rendirent à Gontaud et allèrent prier sur la tombe de leur regretté camarade. Comme ils se montraient au retour la petite maison d'Alfred, ils se dirent les uns aux autres :

— Oh ! non !... ne passons pas par ici, la pauvre mère nous verrait.

10 *Mars* 1890.

Je reviens de Gontaud. Dans l'église où Alfred avait reçu le baptême, et qui ensuite le vit passer mort, on priait aujourd'hui, pour son repos, l'éternel repos de sa jeune âme. Aux pieds de la Madone qu'il aimait, j'ai offert pour lui le divin sacrifice, et j'ai pleuré sur l'autel de la sainte victime. Bientôt après, nous avons fait, M. l'abbé Jacomy et moi, une visite au cher enfant, dans ce champ des morts où nous avons, il y a un an déjà, déposé ses restes mortels. Et là encore nous avons pleuré, nous avons prié.

Pauvre petite tombe près des cyprès !... c'est bien à cet endroit que le cercueil est descendu en terre. C'est bien ce modeste monument que nous avons dressé là, surmonté de la croix, gage de résurrection. Mais comme on voit bien que la main d'une mère passe affectueuse sur cette pierre tombale qui presse les cendres de son enfant, comme elle s'appuyait, naguère encore, caressante sur la tête aimée de l'enfant vivant. Que de verdure, que de fleurs. images de la vie, sur cette demeure de la mort !

Il y a peu de temps, m'a dit M. l'abbé

Jacomy, on a dû soulever et étayer ce petit monument : dans le terrain affaissé il s'enfonçait irrégulièrement. Voyez du reste les autres tombes : presque toutes peu à peu se nivellent à la surface des allées.

J'ai regardé ces petits tas symétriques de terre qui rentrent dans le sol ; et c'est bien triste une tombe affaissée, avec des crevasses béantes, prolongées, marquant les lignes de la fosse. On frissonne, en pensant que les cercueils ont dû se rompre sous le poids de cette terre fraîchement remuée.

Et nous avons quitté le cimetière, après une dernière prière, et un dernier baiser donné à cette pierre tombale, froide et morne, avec des pâleurs de cadavre.

Notre douleur, était immense comme il y a un an ; et nous marchions muets ; trouvant à peine en notre esprit troublé, abattu, quelques pensées chrétiennes de consolation et d'espérance.

Pourquoi donc, à cette distance des événements douloureux, me suis-je senti des émotions qui étreignaient et brisaient mon cœur cruellement? Est-ce qu'il est des regrets que le temps n'efface pas? Est-ce qu'en ses jours de dernières souffrances, si résignées, l'âme de cet enfant avait à ce point adhéré à mon âme, que la séparation n'ait pu se faire sans laisser, dans le fond de mon être, une déchirure toujours ouverte, une plaie toujours sensible et saignante? Peut-être n'ai-je senti si douloureusement cette séparation que parce qu'Alfred est de mes élèves le premier et le seul que Dieu m'ait pris. Mais aussi, c'est que quatorze printemps c'est trop peu pour une vie, lorsque, autour de soi, tout sourit, lorsqu'on est le seul trésor d'une mère, lorsque toutes les mains qu'on presse sont des mains amies. Oh! non, on ne devrait pas mourir à cet âge, lorsque les égaux vous aiment, lorsque les supérieurs vous estiment, lorsque les dons heureux de l'intelligence se pressent de s'épanouir, que le cœur est pur, que les désirs sont nobles, et les énergies tournées au bien et à la vertu.

Mais peut-être est-ce pour cela qu'on

meurt : tous les fruits ne mettent pas à mûrir le même temps ; dans le stade, où les hommes courent, les plus jeunes arrivent parfois les premiers au but ; tous les agriculteurs n'ouvrent pas également le sein de la terre. Dieu faisait sa récolte d'âmes saintes lorsque Alfred a été trouvé mûr pour le ciel ; en marche à travers les temps, il a gagné ses égaux de vitesse, en courant dans les sentiers de la vertu qui mènent plus directement à l'éternité bienheureuse : ouvrier laborieux, il s'est hâté de tracer et de fermer son sillon, tandis que nous continuons péniblement à ouvrir le nôtre.

Combien ne s'endormiront pas si paisiblement dans le sein de Dieu au soir d'une longue vie, commencée peut-être comme celle d'Alfred ?

Combien, au terme d'une existence remplie de jours, n'emporteront pas les mêmes regrets, les mêmes témoignages d'affection ?

Et savons-nous à quelles épreuves, à quels dangers notre Dieu toujours bon, même lorsqu'il frappe, a voulu soustraire cette jeune âme ?

Du ciel, où son ange gardien l'a conduit. Alfred sourit maintenant à ses amis de la terre, il leur montre la voie, il leur tend les mains, et il prie pour eux.

Puisse cette pensée, cette conviction faire trouver à sa pauvre mère le temps de la séparation moins triste, et mettre en son âme une douce consolation et l'espérance toujours plus affermie de la suprême réunion au sein de Dieu.

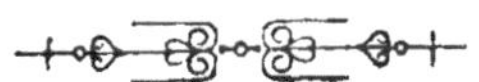

TABLE DES MATIÈRES

AGEN, IMPRIMERIE Ve LAMY, RUE SAINT-ANTOINE, 43

www.ingramcontent.com/pod-product-compliance
Ingram Content Group UK Ltd.
Pitfield, Milton Keynes, MK11 3LW, UK
UKHW021307190726
13839UKWH00007B/89

9 782329 523330